当代传媒系列丛书

鞠英辉　编著

现代广告创意与制作

中山大学出版社
·广州·

图书在版编目（CIP）数据

现代广告创意与制作/鞠英辉编著．—广州：中山大学出版社，2007．10
（当代传媒系列丛书）
ISBN 978－7－306－02960－7

Ⅰ．现…　Ⅱ．鞠…　Ⅲ．广告学　Ⅳ．F713．8

中国版本图书馆 CIP 数据核字（2007）第 151165 号

出 版 人：祁　军
责任编辑：李海东
封面设计：曹巩华
责任校对：何　凡
责任技编：何雅涛
出版发行：中山大学出版社
电　　话：编辑部 020－84111996，84113349
　　　　　发行部电话 020－84111998，84111981，84111160
地　　址：广州市新港西路 135 号
邮　　编：510275　　传真：020－84036565
网　　址：http：//www. zsup. com. cn　　E-mail：zdcbs@ mail. sysu. edu. cn
印 刷 者：广州市怡升印刷有限公司
规　　格：787mm×960mm　1/16　2 插页　11．25 印张　233 千字
版次印次：2007 年 10 月第 1 版　　2013 年 8 月第 3 次印刷
定　　价：26．00 元　　印　　数：5501～7000 册

请喝
可口可乐
Coca-Cola
点击真精彩 www.coca-cola.com.cn
彩图 1

淘大 AMOY
為健康，
多菜無妨。
全新淘大菜肉餃，
多菜為主，不加味精。
菜肉餃
健康價 $7.9
彩图 2

PEPSI
The Joy of Cola
PEPSI
彩图 3

彩图 4

彩图 5

彩图 6

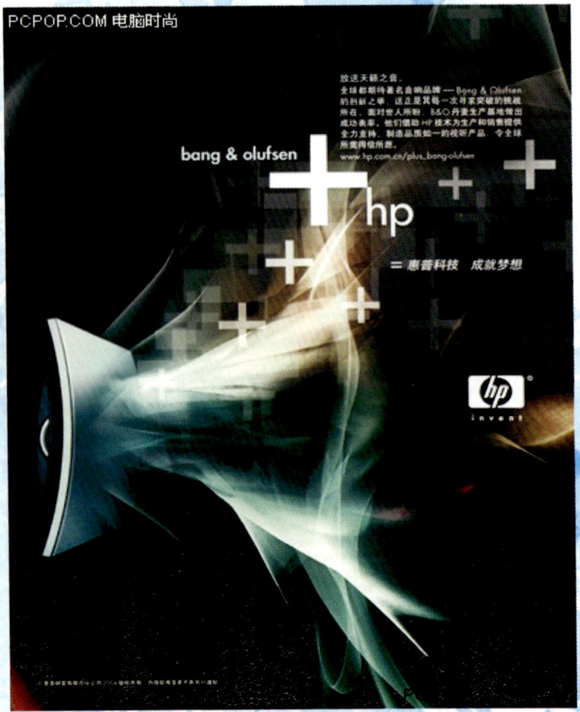

彩图 7

一生闪一次
FLARE @ HARBOUR CITY

彩图 8

心"铃"感应闹新春，
我的地盘乐翻天！
12530彩铃，天天妙铃好心情！
M-ZONE
动感地带
彩铃声声，等待的惊喜！
我的地盘乐翻天，畅享移动新生活！
三种方式创造个性彩铃空间：
1）随时打电话
2）登录互联网
3）上移动梦网
与700万M-ZONE人一起
共享优势网络，体验精彩业务！
责编/梁旭华 美编/洪海淙 电话/87776211-2544 E-mail:zk@ycwb.com

彩图 9

Moving at the speed of imagination
dreamworks
hp
= everything is possible
invent
PCPOP.COM 电脑时尚

彩图 10

PCPOP.COM 电脑时尚
Stop for a moment and smell the technology
ftd
hp
= everything is possible
PCPOP.COM 电脑时尚

彩图 11

前　　言

随着世界经济突飞猛进的发展，视觉时代正向我们走来，创意设计已作为一种新兴行业悄然崛起，国际广告业的发展更是日新月异。身处我国广告业发展前沿的广州，笔者目睹了自20世纪80年代以来我国广告大潮的风起云涌。信息和地域的优势，使作者能与珠江三角洲以及港澳海外的行业专家学者进行学术上的交流与互动，有机会汲取国际优秀广告的前瞻性思想与谋略。全球经济的发展和巨大的社会需求，带动了我国广告业的空前发展，然而，我国的广告创作如何走向国际，与世界的经济发展同步，已成为一个所面临的现实问题，这也是作者撰写本书的诱因之一。在广告全球化这样的环境背景下，急需培养和造就既具有行业专业知识技能，又具有广告创作知识的双重人才，以适应这一新经济时代发展的需求。

本书的最大特色是在创新思维指导下，以案例为主体，在采集大量资料和几百幅广告插图作品的基础上，对广告案例的创意进行全程梳理和详尽的解析，引证理论，深入研讨经济时代广告创意的本质内涵，以及广告创意在不同媒体中的表意形式。笔者直接探讨了广告创意与消费心态的关联性、广告创意的思维方法和创意策略。本书还以房地产广告等品牌系列广告为教学案例，进行系统性点评，使广告创意手法具体应用到行业广告中，并创造性地提出了运用发散性和综合性思维进行广告创意，具体提出了广告的简单性和自然性的创意原则和方法。本书还对报刊广告、电视广告、广播广告等不同媒介的语言特色展开论述和解析，进一步根据媒介特点提出了不同的表意设计手法。希望本书能为广告界同仁提升广告创意实力提供必要的理论依据和有效的途径。

在本书的撰写和出版中，有幸与行业一线的专家和高校学者共同研讨。其中，本书的第一章至第六章由鞠英辉撰写，第七章由陈玲撰写，全书由鞠英辉统一修订定稿。同时，还得到了向长江博士、贾士军教授和龙媒广告人的大力支持，在此表示感谢。

本书的撰写历时几年的光阴，几经修改，几经充实，几经完善，但限于水平，仍难免会有不够完善之处，恳请读者不吝指正。

目　　录

第一章　广告创意基础知识

在我国融入世界经济的程度不断加深的今天，广告以飞速发展的高新科技为依托，作为信息传播的载体和商品促销的手段，呈现出巨大的发展潜力，已成为传播经济文化、科学技术等社会信息的有力工具。在国际与国内各个行业的市场竞争中，生产力的发展、经济的腾飞，离不开广告；企业为了在市场上立足，特别是我国加入了WTO以后，企业要打造国际品牌，富于创造力的广告创意和传播策略是企业走向成功的关键因素。因此，企业需要造就既具有本行业知识，又具有广告营销方面知识的双重人才，实现以最低的资金量投入，达到扩充企业实力的目的。伴随着商品经济的日趋繁荣，产品更新换代的日益频繁，广告业的发展在全球范围内已呈风起云涌之势。

广告既是一门科学，也是一门艺术。在当今商品经济不断发展的过程中，广告既是信息传播的工具，又成为引导消费的指南。广告把形形色色的产品信息传达给广大消费者，使人们通过广告认识和比较商品。目前，广告已经逐步渗透到人们的生活中，不仅影响到人们的购买行为，甚至其生活方式也随之受到不同程度的影响。

整合传播时代的到来对广告创作提出了更高的要求，广告整合传播观念将逐渐发展成为一种必然趋势。因为需求多元化、产品同质化、传播整合化的态势已经出现，具体的运作与执行只是时机成熟问题。因此，如何运用广告整合传播策略创作具有中国特色的广告，使其以崭新的面貌展现于世界广告之林，成为我国的广告界人士所关注的课题。

第一节　广告含义的动态演进

在早期，对广告最通俗的解释，就是“让大家都知道”，也就是“广而告之”。可见，广告是用以传播信息的。随着经济的发展，时代的进步，广告业和旅游业已成为世界两大“无烟工业”，广告已经成为企业经营销售的一个重要环节，其含义也相应得到延伸和拓展。

一、广告的含义

广告一词源于拉丁文 adverture，是吸引、注意与诱导的意思。到了 14 世纪演变为英语 advertise，其义延伸为“引人注意，告知某件事”。大约在 17 世纪末，英国开始进行大规模的商业贸易活动，此时广告已非单指一则广告，而是指一系列的广告活动。静止的、物的概念的名词 advertise 逐渐演进成为动态的广告活动 advertising，从此才有了现代广告的含义。

由此，广告的含义可表述为：广告是广告发起人通过特定的媒体，以付费的方式，向大众传播商品或劳务等信息，是以促销商品或服务为目的的一种信息传播手段。

二、广告的三个基本属性

（1）广告是一种有计划、有目的的传播活动。广告的目的主要是为了引导公众的观念行为，这种影响既有推销方面的，也有观念方面和其他方面的。

（2）广告的传播对象是社会公众。广告活动是通过大众传播媒体来进行的，而不是面对面的传播。

（3）广告是一种付费方式的信息传播。

三、广告的要素构成

广告主要包含广告发起人、广告传播信息、广告受众、广告代理机构、广告发布媒体和广告费这六个基本的要素。

1. 广告发起人

广告的发起人即做广告的人，如各种类型产品的制造商、贸易公司、商店、银行、宾馆、旅行社等营利或非营利的组织和个人。广告活动是按照广告发起人的要求和意图来进行策划设计的，广告发起人的经营思想和对广告活动的认识能力，直接影响到广告的创意和设计。所以，广告发起人应当熟悉广告运作基本规律，尊重广告人的劳动创作，并与自己挑选的广告公司努力合作，以期达到广告目标。

2. 广告传播信息

根据广告发起人的需要，通过广告来传达的内容统称为广告信息。这种信息往往是经过精选，以语言简洁、内容具体而又生动有趣的形式传播给观众。选择信息的标准通常是：根据广告发起人的各种需要，并在媒体机构允许的情况下，通过广告的创意引发观众的兴趣。

3. 广告受众

广告信息的接受者，就是广告受众。广告的效果如何，以及成功与否，主要取决于广告受众的反应程度。因此，广告创作活动应以广告受众为中心，只有了解受众的消费心理、购买欲望和购买行为，才能卓有成效地完成广告创作活动，实现广告目标要求。

4. 广告代理机构

在广告经营过程中，代理广告发起人进行广告业务的专业性广告组织，称为广告代理机构（即广告代理商），包括广告公司、制作公司和调查公司等。广告代理机构是为广告客户服务的，所以，它不能将自己的意愿凌驾于广告客户之上，要根据行业的职业标准要求，在充分了解广告客户的要求之后，充分发挥自己的主观能动性，创造性地从事广告创作活动。

5. 广告发布媒体

广告活动是一种有计划的大众传播活动，需要运用一定的物质技术手段，其信息才能得以广泛传播。广告发布媒体，即广告媒体可以说是广告发起人和受众的中介，广告信息是通过广告媒体传播给受众。广告媒体的具体传播形式随着科技的发展越来越多样化，成功的广告传播活动则离不开对广告媒体的优选和有效组合。

6. 广告费

广告费是广告发起人为从事广告活动所付出的各种费用，主要包括服务费、设计制作费、发布费等。广告费用决定了广告活动的商业性特点，使广告发起人、广告代理机构、广告发布媒体之间，因广告费用的存在而形成一种相互制约的经济关系，使三者之间达成一种默契的合理运行机制。

以上广告活动六要素的相互联系和制约，构成了企业广告活动系统的统一和完整的运作过程。

第二节　广告的类型

按照不同的发起目的与要求，广告可划分为不同的类型。为了制定行之有效的广告策划活动，有必要将广告进行类型划分。例如，按照广告发起目的进行划分，有营利性广告和非营利性广告，其中营利性广告是主要以营利为目的的广告活动，传播内容为商业和产品信息；按照传播的范围划分，又有局限在某一个特定区域范围内的区域性广告、全国性广告、跨越国界的全球性的国际性广告。本节主要从广告内容、传播媒体和诉求方式三个方面进行划分。

一、按广告发布的信息内容划分

1. 企业和产品类广告

企业广告是以介绍企业情况、树立企业形象品牌、提高企业知名度为主要目的的广告。产品广告主要介绍产品的有关情况，是以促进销售和扩大影响为目的。

2. 服务性广告

服务性广告主要是以介绍商品化的劳务，促使消费者使用这些服务项目进行交易活动，如用银行卡购物消费、保险、旅游、家电维修等；或是以为社会公众提供服务为主要内容的非营利性广告，如招生、征婚、寻人、挂失、迁址等。

图 1.1　公益广告

3. 科技文化类广告

科技文化类广告以传播科学、文化、教育、体育、新闻出版、文艺演出和影视节目预告等为主要内容。

4. 公益性广告

公益性广告是公共服务性的公德广告，目的是唤起公众对某一社会性问题的关注，抨击某些不道德的思想或行为，倡导推行新的社会风尚（图 1.1）。

二、按广告的传播媒体划分

1. 印刷媒体广告

印刷媒体广告是刊登于印刷媒体上的广告，如报纸、杂志、挂历、招贴等广告；或以目标消费者为诉求对象，通过邮寄推销单、明信片、产品目录等方式进行广告传播。

2. 户外媒体广告

户外媒体广告是利用户外的各种路牌、霓虹灯、橱窗等媒体所做的广告。如图 1.2 所示是一则户外媒体广告（2004 年获得了戛纳最佳户外广告奖），在每天的一定时候就会有真人吊在绿茵球场的背景上模拟踢球，正印证了 adidas 的口号：“impossible is nothing”，给人们留下深刻的印象。

图 1.2　户外媒体广告

3. 广播影视媒体广告

广播影视媒体广告是以电子媒介为载体的广告，主要包括电视、电影和广播广告，以及电子显示屏广告或利用交通工具（如在汽车、飞机和轮船等）所做的视音广告。

三、按广告的诉求方式划分

1. 理性诉求广告

理性诉求广告通过向消费者介绍或展示商品的质量、性能以及使用本产品将会给消费者带来什么好处等，引发消费者的消费欲望，引导消费者理智地进行选择。

2. 情感诉求广告

情感诉求广告以人们的情绪和道德感、群体感、美感等情感为基础，使消费者受情绪的影响和支配产生购买行动。

第三节　广告的功能和传播特性

一、广告的功能

广告的功能是与现代广告活动体系的动态过程联系在一起的，它反映了现代社会的广告活动是以整体目标为对象所组织起来的一种系统性的广告活动。广告的功能主要有信息传播功能、社会经济功能和心理审美功能。

1. 信息传播功能

在商品经济日益繁荣的今天，信息已经成为社会赖以生存的重要资源，它也是广告活动的重要资源。广告传播的是信息，通过传递信息来影响人们思维，信息传播已成为现代广告活动体系中的神经系统。广告业可以看成一种信息产业，也有人把广告看成信息传播艺术。因此，传播信息的功能是广告的基本功能。

广告传递的是商品或经济等信息，它的目的是运用诉求的语言来引起消费者的兴趣和注意，诱发消费者的消费欲望，促成消费行为。

2. 社会经济功能

广告是社会经济的产物，其社会经济功能是指广告在企业的产、供、销等整个经济活动中所发挥的重要作用和效能。其担负着疏导商流和信息流的重要职能。从企业经营的角度来看，广告是企业整体营销中的一个重要环节，是企业促销的主要手段，广告能为企业带来可观的经济效益。广告活动中的信息传递与社会的经济活动密切联系，行业企业如何有效地收集加工、传递和利用广告信息，分析广告的目标效应和经济效益，以及如何分配广告投资的最佳比例等，这对企业充分发挥广告的作用和效能具有重要的意义。

同时，广告对社会的影响历来是人们所关注的问题。虚假的、不讲职业道德的广告不仅会造成社会资源的极大浪费，还会使人们对广告产生抵触的态度，对社会造成不良的影响。正确地发挥广告的社会功能，不仅有助于产生良好的经济效益，还会带来极大的社会效益。从社会宣传的角度来看，广告集经济信息、艺术审美、思想意识，以及政策和道德于一身，在促进物质文明和精神文明的建设中具有宣传教育的功能。

3. **心理审美功能**

观众的审美感受是一种特殊的心理活动。心理审美功能是一个通过广告使消费者产生认知、联想、对比、确信和行动的心理活动过程，是促使人们产生购买欲望的一种观念行为。美学是关于美的本质、审美对象、审美观念、审美意识、审美知觉、审美情感、审美情趣和审美判断的一门社会科学。广告运用语言、文字、色彩、图画、音乐、音响、舞蹈和戏剧等形式，通过创意使商品内容成为具有艺术感染力的广告作品，正确把握广告的心理功能，有助于创造需求，引导消费者理解、接受、记忆，诱发消费者对广告内容的好感，促使他们产生购买行为。因而，广告对其接受者来说具有心理审美功能。

二、广告的传播特性

现代社会中，广告不仅在推销产品和服务中起着不容置疑的巨大作用，而且逐渐形成了一种独特的广告文化。广告作为一种社会文化形态而存在，其社会作用也越来越为人们所认可。广告的传播特性，从根本上说，是运用各种传播手段跨越时空进行企业和商品等各种信息的传递。

1. **超越时间进行信息传播**

随着通信科技的发展，广告可以通过传播媒体在短时间内将广告信息传递给社会大众。例如，报纸的传播周期一般为一天，而广播、电视这类电子媒体的传播时间更短，其传播与接收几乎是同步的。广告的内容却不会因为时光的流逝而消失，人们可以采用现代化设施予以保留，如录像机等设备，只要有必要，广告内容可以保存几年、几十年，甚至几千年。现存的最早的广告，就是3000多年前一则古埃及的寻人广告，虽然其内容的广告价值已不复存在，但是广告的原始内容却毫无改变地保留了下来。

2. **跨越空间进行信息传播**

随着科技进步和传播媒体的更新，广告信息的传播已不再局限于狭小的空间范围，跨越地区、跨国界的信息交流已成为现代社会广告的一大特征。利用先进的通信设备，如广播、电视、电话、电传和邮电，使广告信息可以在极短时间内传递到世界的各个地方。现代广告已成为一种跨越时空的、国际性的信息交流方式。

广告发展到今天，已从单一的模式走向多元化发展的模式。电视赞助、报刊赞助、体育赞助，以及其他各类形式的文化赞助，都使广告带有了浓厚的文化色彩，而这种文化的商业气息是相当浓烈的。广告创造了流行和文化，给人们的生活带来了有利的和变化的一面，为人民生活水准的提高、社会文化的发展做出了贡献。例如，在美国，每年都由公众评选当年的十佳广告片；在法国，甚至有专门的广告影片展，播映优秀的广告片。这些活动不仅向人们传播了商品信息，而且给人以艺术的享受。广告和我们的日常生活息息相关，它的社会作用是巨大的。

第四节　广告设计所遵循的基本准则

现代科学技术的进一步发展，更加完善和丰富了广告的表现手段。由于广告在商品经济发展中的重要地位，使得现代科学技术的发明几乎都较领先地应用于广告设计创作中，因此，广告设计越来越具有科学性；同时，广告设计的传达对象是社会大众，是通过艺术手段、按照艺术美的规律进行创作的。因而广告设计兼有科学性与艺术性。

一、广告设计的科学性

由于广告的传播特性，决定了广告设计既受到市场和消费者购买心理的支配，又受到现代科学技术发展的影响，因此，广告一直沿着科学与艺术相结合的道路发展。广告设计的科学性主要有以下两个方面：

（1）广告设计是在广告目标和战略指导下进行的。广告设计同绘画艺术创作不同，不是随意的个人情感的表达，而是以广告战略为指导，通过设计手段实现广告目标。在着手设计之前，设计者面临着许多不断变化着的情况，要根据广告的市场调查，研究消费者的需求、购买习惯、消费心理以及消费者对图形、色彩、商标的喜好心理。这些对于设计者来说，是较难于掌握的。

由此可见，一幅成功的广告作品，不是凭想当然设计，也不仅是“形象思维”创作，而是运用一系列科学调查、分析、决策的方法，在研究制定战略目标的基础上进行的，这一过程本身就具有科学性。

（2）广告设计同现代科学技术手段相结合。随着科学技术的发展，新技术以及新的媒介不断地应用于广告设计，使其逐渐从手工描绘转向采用新工艺、新技术和新形式，既提高了效率，又取得了良好的视听效果。

由于摄影的高速发展和摄影技术不断创新，摄影技术同广告设计结合，为广告开辟了一种新的视觉表现形式。摄影可以不拘时间和空间的限制，利用摄影技术充分地表现广告内容，造成一种真实、生动、奇特的效果，使广告更具典型化，更富有表现力。目前，摄影用于广告设计已日臻完善和成熟。

电子计算机技术的发展，又为广告设计领域开辟了一个新的、更为广阔的天地。现在，各广告公司已普遍运用电子计算机、彩色传真机、彩色复印机、电子显示屏、版面彩色扫描等各种先进的自动化设备，并可以同时进行设计变动和修改，大大加速设计进程。将凸版印刷术、插图和摄影技术密切结合，使广告设计制作的各种程序变得愈来愈准确迅速，可以在极短的时间内拿出多种设计方案，为广告客户提供多种选择。此外，电脑系统改变了传统的经营手段，也给广告设计提出了新的要求。国内外许多先进的企业逐步建立了有关顾客详细资料的数据库，以加强同顾客的联系，进而保证经营的顺利发展，使得广告可以集中于目标市场。如纽约的大都会、歌剧院开始创设和利用一个可容纳 150 万以上歌剧迷资料的数据库，运用电脑系统分析各类顾客的特点，找出潜在顾客的来源，然后用直接邮递和电话方式，既可向顾客进行广告宣传，又可迅速获悉他们的反应和购票情况。企业和消费者也可以数据库作为媒介，直接与顾客对话，交换信息，做成买卖。

运用彩色传真系统，可以将设计好的广告发送到外地去。许多大的厂商都设立本公司的传真广告设计中心，同时在子公司所在的各地建立大型广告牌，几乎每天都可以变换广告内容。以前设计一幅大型广告牌需要两周时间，现在仅需几个小时。这种传真系统可同电脑连接，使广告内容变换自动化。

现代科学技术为广告创意设计插上了翅膀，带来更为广阔的发展空间，使广告创意设计日新月异，形式多样，绚丽多彩，更富有魅力。如图 1. 3 的广告，充分运用了现代科技的发展，在我们面前展现出一幅精美的构图。

图 1. 3　广告构图

二、广告设计的艺术性

广告设计虽然不属于艺术范畴，但设计者要把广告的抽象内容变为具体形象，作用于人们的视觉，需要运用一定的艺术表现手段，才能达到既传达信息，又满足人们审美要求的目的。广告设计的艺术性主要体现在三个方面。

（1）广告设计应在美学理论指导下进行。由于广告具有艺术性特征，凡是艺术都要讲究美，广告设计也不例外。进行广告设计时，要使广告具有完美感，更吸引人，必须依据商品或劳务的特点，运用艺术技巧，创造出新鲜生动、绚丽多彩的形象，使广告画面具有强烈的美感。画面中出现人物时，不但要求该人物具有外部形象美，更要求具备正直、善良和高尚的内在气质美，使人产生美感，引起美的联想，满足人们的审美要求。若缺乏形象美、意境美，便不能打动消费者，更不能唤起人们的情感。

广告美学规律在指导广告设计艺术实践，帮助广告策划者认识广告设计美的发展规律，提高设计者的审美水平等方面起着重要作用。广告设计由商业活动的特点决定，所讲的美是一种真实的美。只有真实的再现商品或劳务的特点才能使消费者感受到形象美，从而对广告内容产生兴趣。当然这种真实的美是从生活中来，只不过比生活中商品原型更典型，更理想，更充满了设计者的情感罢了。这种真实、典型、理想的商品或劳务形象，要通过艺术手段来实现，但决不能像其他艺术创作那样允许虚构，必须真实地依据商品原型，使广告内容符合人们的生活经验，才能使广告设计的作品产生美感。

（2）广告设计运用艺术手段塑造商品形象或企业形象。广告设计用画面突出商品特点，制造一种气氛，使人们产生美感，满足人们的审美情趣，使其在享受美的意境中接受经济信息。要实现这一目的，依靠的是艺术手段。通过艺术手段将抽象的广告主题加以形象化，把各种广告要素合理配置组合，使广告产生艺术美的魅力，从而吸引消费者的注意。广告设计用艺术手段塑造广告形象，增强广告的针对性和可信度，沟通广告主与消费者之间的感情，使读者或观众接受广告内容。通过艺术手段，用鲜明、强烈具有艺术美的形象，将广告信息准确有力地传递给消费者，刺激他们的购买欲望，进而达到促进销售的目的。

（3）广告设计与艺术创作的区别。既然广告设计兼有科学性与艺术性的特点，那么广告设计就不同于一般的艺术创作。广告设计与绘画艺术比较，在构思与表现方法上既有共性，又有特殊的规律与个性。绘画是造型艺术，表达的是作者对事物的认识与感受，在构思与表现手法上也比较自由。广告设计属于现代设计范畴，需要设计者具备一定的绘画、文学修养，但它又是一种“遵命创作”，除了插图的艺术技巧方面可以由设计者进行艺术创造、自由发挥外，整个广告设计过程都不能离开广告战略目标这一基础；即使只用装饰性的图案、色彩或字体排列，也要服从广告主题，起到烘托、突出主题的作用。因此，广告设计同一般绘画艺术创作是有本质区别的。广告设计的主要功能是表达意念，传递信息，而不是单纯供人欣赏，仅仅获得美的感受。它的第一属性是商品性，然后才是艺术性。

所以，广告设计者必须从根本上认识到这一点，改变那种设计就是“画画”的不正确认识，从思想上树立起适应现代广告设计规律的新理念。

三、广告创意设计与消费者心理

广告设计作品是企业同消费者进行沟通的一条重要渠道，广告设计的成败最终还是要接受消费者的检验。能否打动消费者，引起他们的注意，激发他们的兴趣，加深他们的记忆，诱发购买欲望，最终给消费者留下美好的印象，达到促进推广的目的或完善企业的整体形象，这是广告设计的关键所在。

在广告设计中应着重吸引消费者。美国哈佛大学的一份研究报告显示：公众在日常接触到的广告中稍加留意的只有5%。能否使自己的产品在广告宣传中独树一帜，给人以深刻印象，是决定广告设计成败的关键。因此，吸引消费者的注意是广告设计首先考虑的问题；否则无论采用哪种广告形式或广告设计如何精彩，也根本无法进一步触动消费者。

1. 广告要引人注目

从心理学角度讲，注意是增强广告效果的首要因素，是人的认识活动过程的一种特征，是人对所认识事物的集中。注意现象不是一种独立的心理过程，人们无论在知觉、记忆或思维时都会表现出注意的特征。一件广告作品要想使消费者注意并能理解、领会，形成巩固的记忆，是同作用于人们感觉器官的广告的声音、文字、色彩、图案等的新奇性特征分不开的。

人们进行听、看等知觉认识活动时，不是被动地接受客观刺激物的刺激作用，而是在客观刺激物和人的主观内部心理因素相互作用下进行的。每一件用声音播出或以文字、图画形式展出的广告作品，对消费者来说，都是一种客观刺激物，会引起听觉或视觉心理效果。国外有人研究发现，一个人每半天会从报纸、电台、电视等媒体中遇到150个广告，但是平均只会注意到17～20个广告。也就是说，消费者并不是对所有遇到的广告都能注意、给予知觉认识和理解的。

据心理学实践的结论，人的注意力不会长时间集中于一个目标上，注意的时间一般只能维持5秒钟左右，能保持20秒的非常少。在色彩斑斓的广告海洋中，人们真可谓是爱理不理的。街头广告，人们都是匆匆过客，真正在广告前驻足的时间不过几秒钟，能否引起人们注意，靠的完全是广告的奇特性。那些广告牌试图不厌其烦、尽可能详细地说明产品性能、服务优点、获奖名目等，又有谁能够记住？所以，引起消费者注意的目标，必须与其他的背景刺激物形成明显的对比和差异。影响这种差异即影响注意力的因素主要是广告的广度、位置、重复、色彩等。广告的广度因素即广告的空间特征。在同样条件下大幅广告比小幅广告更容易受人注意；一般情况下，报纸杂志的广告所占版面越大，路牌广告所用版面越大，越容易引起人的注意。根据心理实验测定，版面的面积增大 10 倍，注意率相应增加 7 倍。

在建筑物上树起的广告牌，越高越容易引起人的注意。所以大的广告客户往往不惜重金去争夺一个城市最高建筑物上的广告牌位置，以取得居高临下的优势地位。

2. 广告的重复性可提高注目率

广告刺激的不断重复也是影响与提高消费者注意的知觉因素。例如，在同一种杂志的不同期号中，都登载同一幅广告，可以逐渐引起阅读该杂志读者的注意。

此外，重复的变化的图案更容易引起注意，所以可变换色彩和图案的霓虹灯在夜间格外引人注目。很多户外广告采用旋转的形式，或配上变化的灯光，也都是为了达到这一效果。

3. 广告位置变化对注意力的影响

广告处于不同的位置对引起消费者注意力的作用是不相同的。比如用杂志刊登广告，如果广告处于封面、封底的位置，则比登在杂志中间的某页上更能引起读者的注意。

4. 广告色彩的影响度

色彩越是灿烂，越容易同一般的背景色彩形成对比差异，吸引消费者的注意。但要注意，一幅广告能否富有吸引力，不在于使用多少颜色，关键在于颜色搭配是否得体。如图 1.4 所示的百事可乐广告（彩图 3），色彩自然和谐。研究结果发现，二色广告（黑色或单色）比黑白广告读者多 1%，而四色广告比黑白广告多 54%；但应强调的是，在二色广告中，使用色彩并不是为了达到栩栩如生的效果，而只是作为引人注目的手段。但是，在一组都是色彩灿烂的广告牌中，只有一幅是黑白两色，而且图案简单的广告，由于同别的广告对比差异明显，所以也容易引起注意。例如，美国的可口可乐广告画（见图 1.5），有的只在红底色上醒目地写上几个白色大字；蓝吉列剃须刀片的广告，则是在蓝色底上加白字的对比使用。

图 1.4 百事可乐广告

5. **音响效果差异化的影响度**

在比较平静的环境下，响亮热烈的声音有助于引起消费者注意。广播、电视做广告，惯用音乐做背景声，以求同其他声响形成差异。然而并非一定要响亮的音响才能收到意想不到的效果。

例如，美国奥尔良城的一位商业家罗纳德先生经过调查发现，播放徐缓的音乐能明显增加营业额。他首先注意到音乐对顾客流动速度的影响。如播放节奏快、刺激性强的乐曲，顾客的脚步也随之加快，同时在挑选商品时表现出耐心不足，尤其是可买可不买的商品宁可不买。多次实验证明，播放快节奏音乐比无音乐时销售量不但不会增加，有时反而减少。慢节奏音乐虽然减缓顾客的流动，但是顾客在挑选货物时却表现出耐心，这就增加了营业额。经验证明，播放慢节奏音乐比快节奏音乐可多增加营业额 38%。

制作广播、电视广告时，可根据商品的特性配以不同节奏的背景音乐，常能收到不错的效果。

总之，广告本身的客观因素对消费者注意力的影响，是通过与消费者主观内部心理因素的相互作用来实现的，而消费者的主观因素又与其本身的经验和客观情况有关。例如，初为母亲的少妇对婴儿服装或玩具广告会格外留心和敏感，而没有孩子的年青人就不会对此类广告信息特别留意。

第五节　广告设计的方法和要求

一、广告主题要鲜明——瞬间抓住视线

通常对于一种产品可以介绍出许多特点，但一则广告只能突出一个主题。广告主题又称为广告作品的焦点，凝聚着广告诉求的重点，它能突出地表现商品特殊的个性，使人们在接触广告的瞬间便能对商品认知，产生极强的兴趣，激发欲求，促进购买。

突出广告的主题思想，离不开强调产品的品牌。在设计过程中，并不单纯以语言文字来表现，通常运用艺术表现手法进行加工和处理，还可以采用模拟、演唱、音响、配乐等多种手法，尽可能做到视觉化和形象化，使人们在瞬间把注意力集中到广告的重点上来，并能理解它的意义，留下深刻的印象。

例如可口可乐广告(图1.5、彩图1)，针对青年们追求快乐的心理，首先在品牌名的文字上下工夫，设计成流线、动感的字型；再采用红色，利用视觉反差强调其可口的味觉。这样的广告呈现在任何场合，都给人以强烈、愉快、人情味的感觉，具有强烈的视觉感染力。“要爽由自己”，鲜明的主题为可口可乐赢得了巨大的市场。

图1.5　可口可乐广告

又如黑妹牙膏广告，清早在“good morning”轻快的乐曲声中，展示出“黑妹牙膏”的画面，也是别出心裁地突出了主题。

二、广告内容要简洁精练—— 一读就懂

广告只能在有限的空间和时间内与大众接触，因此不论是画面，或是语言、文字，都要简洁、明快、精练、利落。画面要生动鲜明，文字要通俗简短。若是报刊广告还可留些空白，给读者留下联想的空间。广告内容的选材应“少而精”，要勇于“割爱”，摘出其中最主要的部分，以突出广告的主题，切忌杂乱无章。

【例 1.1】Heinz 辣茄汁（图 1.6）。

点评：Heinz（亨氏）是世界著名的酱料商。Heinz 辣茄汁，看！薯条点上一点，马上烤焦了，证明茄汁绝对辣！这则广告构图并不复杂，所用到的道具也不多，但却更好地进行了广告诉求。

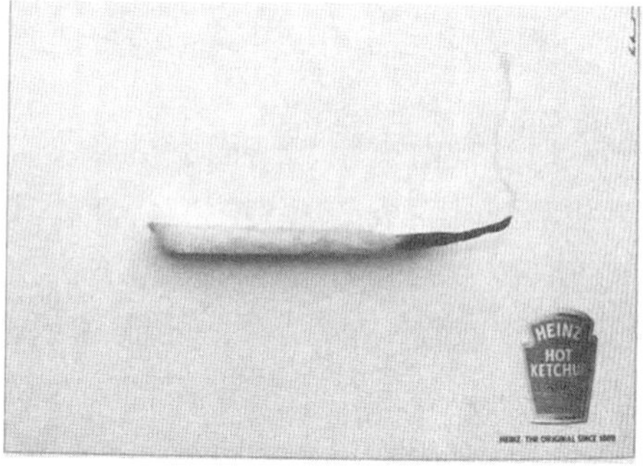

图 1.6　Heinz 辣茄汁

三、广告意境要具有感召力

广告的意境对视听者要有吸引力，但它绝不是一般地吸引视听者的注意力，而是触动他们情感和引发购买行为的刺激力。广告作品的感召力，是通过鲜明的广告主题、新颖的创意和艺术感染力，引发视听者能够排除其他诱惑和干扰，把注意力集中到广告上，并引发他们的情感，使之高兴看、喜欢听，对广告的产品产生认同感。

广告是否具有感召力的关键，是最初看到广告产品的印象，因此广告的开头十分重要。要使视听者从无意注意到有意注意，广告一开头就要具有磁铁般的吸引力。为使广告具有魅力，应充分运用各种广告媒体的有利条件。例如，印刷广告可以选用能刺激情感的色彩，运用新颖的编排方式和清新的表达技巧；广播广告可以用有趣的语言、逼真的音响协调播出；电视广告则以短小精练和生动活泼的剧情，运用各种拍摄特技，来引人注目；等等。如果一个食品广告让人视听以后馋涎欲滴，肌肠漉漉，从而导致购买行动，那么，这个广告就是非常成功的。广告有无魅力的关键是创意独特，要有一个新颖独特的构想。

【例 1.2】肉饺广告（图 1.7、彩图 2）。

点评：精致的构图让人看后垂涎三尺，夸张地把菜包在饺子里，一看便知道是淘大的主张——“多菜为主，不加味精”。

图 1.7　肉饺广告

四、广告布局要协调统一

广告是由文字、画面、摄影、音乐、色彩等要素相互配合而成的，要使广告获得成功，各要素要正确地配置，并集中、鲜明地突出广告主题。这种既协调、又统一的广告，才能显示出广告的魅力。由于各种广告媒体的特点不同，在协调统一的前提下应尽可能发挥各广告要素的功能效果。例如，广播广告，注重听觉效果，应以语言为主，伴以适当的音响配合；印刷广告，以文字为主，配合精美的图画；电视广告，则以形象活动和语言报道为主，用文字配合，使声、色、形象、场景等都巧妙地配置起来，在消费者面前呈现一幅协调、统一、鲜明和完美的广告艺术作品。

【例 1.3】奥林巴斯相机广告（图 1.8）。

点评：这是两幅同系列的广告，显而易见的广告主题是“Who says life is boring?”由此引出产品——奥林巴斯相机，有各种颜色选择和强大的内置相片修改功能的产品特色。同时，模特的独特魅力和新潮的气质也与产品形象不谋而合。

图 1.8　奥林巴斯相机广告

练习题：

1. 选读一篇平面广告：报纸或杂志的理性诉求和情感诉求广告，分析其差异性并自行尝试设计。

2. 观看电视广告，分析某一企业产品的特点和所采用广告诉求方式。

第二章　广 告 创 意

现代广告创作是在经过大量市场调研的基础上，以策划为主导，以创意为核心的广告传播活动。广告创意的主要功用，是通过创造性的构思活动，充分展示广告主题的意境。创意可以说是现代广告的灵魂，是使广告具有感染力和说服力的主要动力，也是决定广告作品成功与否的基本要素。国际广告界有一句名言：缺乏创意的广告传播毫无价值。那么，广告作品是否具有创意，而且创意是否卓越，是否能够在众多的广告中脱颖而出，是决定广告作品成败的关键，也是广告创作从始至终的最高追求。

广告创意是广告策划程序中最富于挑战性和创造性的环节。成功的广告创意，必须通过艰苦的思维劳动才能获得。

第一节　广告主题的确定

广告主题是广告的中心思想的表述，是广告为达到某种目的而要说明的基本观念，是广告的目标、产品的个性和消费者心理的有机融合。广告主题在整个广告中处于支配地位，是广告的核心，广告的创意、图文设计和形象的表达都必须围绕广告主题来进行。

每个广告都必须给消费者一个主题，主题不仅仅展示商品，而且要把商品自身优良特性都自然地表露出来，向消费者说明：购买我的产品，你将得到特殊的实惠。广告作品可以极为简单地归纳为：向谁说，说什么，怎么说——即“WHO、WHAT、HOW”。“向谁说”是指广告的诉求对象；“说什么”，即是广告要表达的主题思想和内容；“怎么说”，就是用什么方式和什么样的手段来表述广告内涵。

广告主题是广告作品的创意、文案、形象、衬托等其他要素中的主导要素，它像一根红线贯穿于广告创作的全过程中，使构成广告的各个要素有机地组合，形成完整的广告作品。

在确定广告主题时，必须考虑的因素主要有三个，即广告目标的确定、信息个性的选择和消费心态的分析。

一、制定清晰具体的广告目标

广告目标即广告决策，是企业根据广告的营销决策而制定的目标。为使广告取得预期的效果，通常广告主题必须体现广告决策的具体要求。例如，某空调厂家要在季节来临之前掀起销售高潮，就要制定本企业的广告促销策略，开展广告活动。其广告的主题最重要的一点，就要突出空调产品的独特功能。

如图 2.1 是一则美极酱油的有奖参与活动的广告。

图 2.1　有奖参与活动广告

二、充分挖掘信息的个性

广告信息是指广告内容所宣传的商品、劳务、企业和观念。广告信息的个性则是指上述信息的鲜明个性，即与其他商品、劳务、企业和观念明显的区别，以及所具有的突出的差异性。信息个性也可称为诉求重点。

【例 2.1】大众甲克虫汽车：想想还是小的好。

20 世纪 60 年代的美国汽车市场是大型车的天下，大众的甲克虫刚进入美国时根本就没有市场。伯恩巴克提出“think small”的主张，运用广告的力量，改变了美国人的观念，使美国人认识到小型车的优点。从此，大众的小型汽车就稳执美国汽车市场之牛耳，直到日本汽车进入美国市场。

三、分析目标消费者心理

广告目标和信息个性要符合消费者某一时期的某个方面的心理需求；否则，这个广告主题就不会被人们所接受。20 世纪 60 年代初，我国自然灾害严重，人们食不裹腹，就不能接受“减肥茶”之类的商品。现在，人们的生活水平普遍提高，温饱之后还要追求完美的体型，所以“减肥茶”之类的商品自然被接受了。

一个成功的广告作品的主题，应具备四个最基本的要素：一是要鲜明，二是要深刻，三是要新颖，四是要生动。

鲜明，观点表达明确，使人能立即把握住问题的实质，正确地领会它；

深刻，表达客观事物的基本性质，使主题深入隽永，富于哲理性；

新颖，以新的角度和层次表达主题，富于创新，不落俗套。

生动，与目标受众的兴致和情感相联系，以情动人。

鲜明、深刻、新颖、生动的广告主题的确定，不是主观臆造、凭空而来的，而是广告设计人员深入了解广告的产品与市场，以及消费者心理欲望和需求，在客观事物的产生、变化和发展的基础上，逐步清晰、明确和深化而形成的。

广告主题的题材是非常丰富的，通常有以下一些方面：

经济——与消费者经济利益相关的问题；

进取——勉励人们积极努力，奋发向上；

儿童——迎合天下父母喜爱子女的天性；

食欲——满足生理上的营养需要，并讲究食品色、香、味、形；

健康——人类对生存和长寿的欲望；

舒适——提供愉快的享受，美好的生活；

情谊——指人们之间的关怀、安慰和友善；

传统——民族的特色和风尚；

美丽——反映人的天性，即“爱美之心，人皆有之”；

安全——保障人身和财产不被侵犯。

四、广告创意 USP 与广告主题

广告的主题必须具有独特的个性，是竞争对手无法提出的。国外广告界有一种 USP 理论，即“独特性销售主张（Unique Selling Proposition）”，认为广告主题就是一种承诺，一种针对特定对象的特定承诺，广告工作者的首要任务就是去发掘这种承诺，确立广告主题。广告 USP 理论的三个要点是：①强调产品具体的特殊功效和利益；②广告主题必须具有独特的个性，是竞争对手所无法提出的；③具有强劲的销售力。

同质化的产品如何挖掘出 USP？首先是改进产品。在产品无法改变，而且产品差异不大时，要注意发掘同类产品没有提到过的 USP。例如，高露洁牙膏广告的 USP：清洁牙齿同时清新口气。

广告主题必须做到鲜明而强烈，足以影响成千上万的社会公众，才能在消费者群体中产生共鸣。消费者对广告主题产生共鸣之日，也就是广告作品成功之时。如中电乐厨坊的广告（图2.2）挖掘的USP是：以水果来代替糖做甜品。

第二节　广告创意的本质内涵和规则

广告创意是表现广告主题的构思，是确立和表达广告主题的创造性思维活动。广告创意的生命力在于独创性和想象力，在于巧妙和别具匠心。独具特色的创意能赋予商品（或企业、观念、劳务等）新的价值和特殊意义。

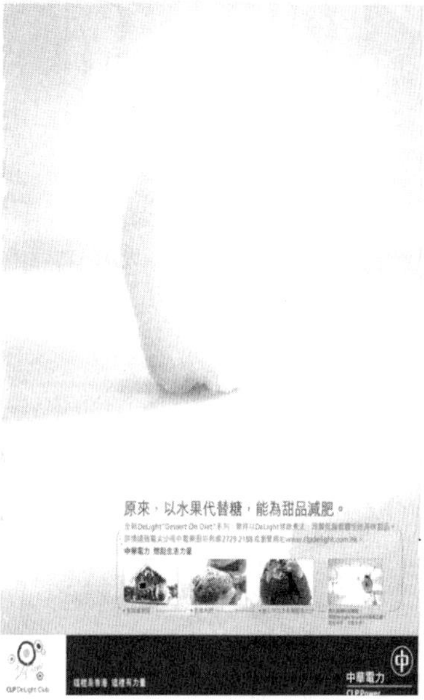

图2.2　USP：“以水果代替糖”

一、广告创意的本质内涵

广告创意实质上是一种复杂的发散性思维过程，创作人员通过构思活动，对广告主体进行艺术的创造和想象，营造出一种意境，把商品的性能、品质、包装、服务等，用艺术表现的形式传递给消费者。

二、广告创意的一般规则

1. 紧紧地围绕主题

有了明确的主题，如果缺乏表现主题的创意，广告同样不能引人注目，也就难以取得良好的广告效果，所以广告的创意必须围绕广告主题来进行；与广告主题不协调的广告创意，不仅不能正确地表现主题，还会干扰和转移广告主题，削弱广告效果。例如，电视连续剧《西游记》播出的许多随片广告都出现了孙悟空的形象。其中有一则门锁广告，其内容是孙悟空一棒打下去，门锁纹丝不动，显示出门锁的牢固可靠，这个广告创意别具特色，产品与片中形象联系紧密，所以创意效果好。其他一些产品如奶糖、电扇、手表的广告也同样使用了孙悟空的形象，但其产品与广告形象没有必然的内在联系，显得牵强附会，很难让消费者产生联想，其广告效果也就可想而知了。

【例2.2】一则宣传北京形象的广告（图2.3）。

点评：这则广告用了一个京剧人物的面谱来作代言，正好符合广告语

“ABSOLUT BEIJING”，紧紧地围绕了广告的主题。

2. 要有个性化的内涵

由于创意本身就是一种创造性的思维过程，所以富于独创性的广告方能令人注目、引人入胜。创意是要对产品形象进行深入细致的刻画，使产品有别于其他，给人独一无二的印象。设想一下，如果广告仅仅是平淡无奇地将商品介绍给消费者，那么，是很难具有吸引力的。但是，如果向消费者介绍产品时，赋予产品一种生动和美好的形象，并且这种形象是独一无二的，那么产品和广告对消费者的吸引力必然是巨大的。因而，个性化是评判创意优劣的标准之一。在激烈的市场竞争中，没有独特创意、没有个性的广告将会失败。

图 2.3　ABSOLUT BEIJING

【例 2.3】某 MP3 广告（图 2.4）。

点评：画面中两个模特的流汗和眼泪让人留下深刻的印象，创意点直击该款 MP3 的广告语——本色流露，以形象的画面语言传达了青春潮流的个性定位，使产品深深的震撼了读者的心。

图 2.4　MP3 广告

3. 富于畅想

富于畅想才能标新立异，没有想象，也就没有创意。畅想也是广告创作人员创造广告形象的重要手段。只有着力于想象，才能促使创作人员在头脑中产生回忆、联想、类比等心理活动，激发创作人员的灵感。广告创意所倡导运用的，是富于创造性的发散性思维。追求新奇是创作人员的特质，因为新奇的事物更能吸引人们的视线，引发人们的兴趣。但是，广告创意并非越新奇越好，创意必须建立在事实基础之上。

第三节 广告创意的构思与方法

广告创意的思维方式是创造性的发散性思维。在创意过程中，一旦创作者受到外部或内部某种形象信息的刺激，就会在瞬间产生“灵感”。这瞬间的“灵感”往往是构成创意的雏形，逐步到构思成熟以后，则进入造型阶段。这是广告创意的过程。

一、广告创意的构思形式

广告创意最常见的构思形式主要有以下三种：

1. 剥笋式

在创意构思的初期，瞬间涌入创作者脑海中的“灵感”可能会有许多，产生大量的形象信息。创作者将这些信息一一记录下来，再进行分析筛选。如同剥竹笋一样，一层层删去没用的或作用不大的信息，最后保留下最佳的形象信息。这种创意形式的最大特点就是对丰富的形象信息进行加工精选。

2. 深化式

创作者有时瞬间在脑海中产生的形象只有一个，形成了主体形象，创意活动就以这个主体形象为焦点，逐步扩充和深化，最后形成一个完整的广告形象。由于构成焦点形象的线索和材料十分丰富，因而构思活动可以迅速对信息进行加工，如果焦点形象同广告主题相吻合，那么构思活动就会更加活跃；反之，构思活动就会终止。

3. 合分式

对于比较复杂的广告主题，采用合分式的创意形式比较适宜。所谓合分式，是指在创意时，对广告形象的整体创作要采用“合成”，对局部创作则要“分解”。处理好整体与局部的关系，广告的整体形象才会协调完美。

广告创意的形式还有许多种，但任何一种广告创意活动都是认识、记忆、想象、幻想的创造性思维过程。在广告创意中，构成创意雏型的形象是大量的。要使广告创意更有深度，就必须对这些雏型形象进行更进一步的分析、深化和扩充。不要一提到商品，就说“质量第一”，一提到新产品，就说它是“全国首创”。这些雷同的广告形象不仅不会给消费者留下深刻印象，还会造成一种不可信赖感。

二、广告创意的思维方法

广告创意的思维方法有多种形式，目前国际上流行的方法主要有水平思考法、垂直思考法和会商思考法。

1. 水平思考法

水平思考法又称横向思考法，即多方位、多角度地思考问题。在广告创意的思维活动中，由于其广度特点是有利于新的思想和新的观念的产生，目前水平思考法被越来越多的广告创作人员所采纳。

2. 垂直思考法

垂直思考法又称纵向思考法，在广告界被评价为最理想的一种思考方法。它是一种运用论理的思考和分析的思考方法，在一个固定的范围内，沿着一定的思考路线，向上或向下进行垂直思考。通常是利用已有的经验和观念进行创意思考的形式。它的缺点是思考范围较为狭窄，容易使人的思考陷入已有的定势。

3. 会商思考法

会商思考法是由美国 BBDO 广告公司负责人奥斯提出来的，主要内容是组织一批专家、学者、创作人员和其他有关的创作人员一起，对广告主题进行深入而广泛商讨。会商思考法的特点是利用集体的知识和智慧来完成广告创意，是一种科学的思考方法。这种方法已经成为广告界最有价值的创意方法。

第四节 广告创意的要素分析

创意是现代广告的精髓。一个广告作品是否具有创意，能否充分地表达主题意境，对于广告效果的影响是巨大的。成功的广告创意可以使广告的主题鲜明，更加富于个性化，产生立体化效果，具有强烈的感召力。广告创意失败，就可能使广告主题雷同化、模糊化、平面化，缺乏感染力，甚至偏离主题，削弱广告效果。由此可见，广告创意是广告创作中最重要、最核心的部分。广告及其创意是企业实现营销目标的重要手段。

影响广告创意成功与否的因素自然很多，但是最重要的因素，并不在于对商品本身的认识和考虑，关键是创意能否抓住消费者的心理需求，并把这种需求与商品的特性紧密地联系起来。因此，消费者的心理需求，即消费者的关心点，就是影响广告创意成功与否最重要的因素。

一、消费者的关心点

消费者基于某种具体需求和针对相关的问题所形成的焦点和重点，在各种需求心理的支配下，可以产生多种关心点。涉及广告创意领域的关心点主要有以下几种：

1. 消费性关心点

物质消费是人们最基本的需求。在现实生活中，人们需要什么，自然会去关注。如果广告创意抓住了消费者这种消费性关心点，那么广告作品就可以取得良好的效果。

【例 2.4】一家商场的钟表柜台上，在密封的玻璃缸里用水浸泡着一块石英表。从表的日期看，这块表已经放在里面一个多星期了，但仍在正常运转，时间准确无误。

这是手表厂家与商场配合做的一个商品性能示范的实体广告。购买手表的顾客首先看到的是玻璃缸中正常运转的手表，对表的质量确信无疑，从而增强了购买者的信心。

【例 2.5】强生牛奶沐浴乳广告（图 2.5）。

点评：这两则强生的牛奶沐浴乳广告，无论色调还是构图的处理都让人明确地知道属于同一系列，粉色与白色的相互映衬简单地传递出产品的主要诉求——使人产生回归婴儿的感觉。同时两幅广告具有前后承接性，第一幅描述渴望享受牛奶浴正如婴儿对牛奶的渴望，而第二幅指明强生实现了你这个梦想，给予你肌肤喝的牛奶只需29.50元。

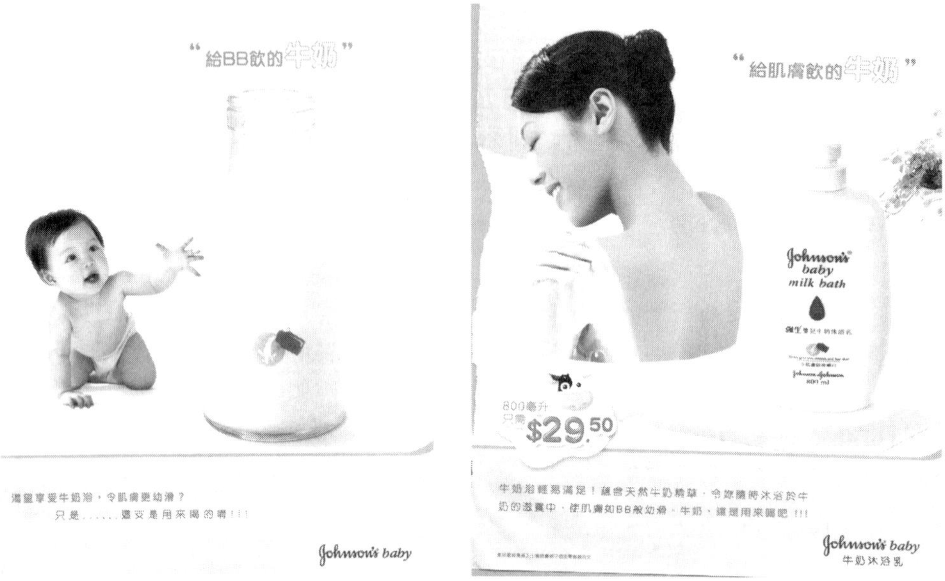

图 2.5　强生牛奶沐浴乳广告

2. **兴趣性关心点**

一般来说，人们爱好什么，就会热情地去关心；对于不爱好的东西，则不会予以理会。随着物质生活水平的提高，人们越来越需要丰富多彩的娱乐生活、业余生活，兴趣和爱好在人们生活中占据了极其重要的位置。因此，它可以成为广告作品影响消费者的又一个心理突破口。

每个人都有各自的兴趣和爱好，年龄、性别、区域、文化和经历不同，其兴趣和爱好也不尽相同。这样，在广告创意中，我们就可以根据市场调查的结果进行产品广告定位，分析目标消费者的兴趣和爱好，设计出相关的广告情节，策划一系列的符合他们兴趣和爱好的广告活动。

例如，爱美之心，人皆有之，青年男女则尤甚。然而，青春痘却时时给他们带来莫名的烦恼。兰丽绵羊霜是一种治疗青春痘的化妆品，它的广告创意，就是利用了男女青年天生爱美的兴趣关心点。主题：只要青春不要“痘”。画面：一位少女用扇子遮住了脸颊，只露出两只美丽的眼睛看着你。既表现了羞，也表现了俏，给人留下很深的印象。

【例 2.6】雪碧广告（图 2.6）。

点评：该则雪碧的广告针对时下年轻人的兴趣性关心点，阐述了另一个对“十优状元”的解释，使得品牌也年轻起来。

图 2.6 雪碧广告

3. 新奇性关心点

新奇性关心点，是指现代人尤其是青少年，出于追求刺激而针对新奇事物所形成的关心点。现代人总有一种感觉，似乎生活太平淡、太一般，所以渴望新奇和刺激。在广告创意中，如果我们能充分利用消费者的好奇心和喜欢新奇事物的心理，策划出相应意境的广告作品，那么就会产生较强的冲击力。

【例 2.7】某报纸在第 5 版的显著位置上刊登了一则广告，除左上角有一小行字外，其余为大片空白。这就诱使读者非读那行小字不可。那一行小字是：“如有需求者，请向阳一照看，便能找到希望”。

读者出于好奇，都要举起报纸对着太阳照看一下，原来是湖南某制药厂的“健胃愈疡片”广告，广告文字全部反印在第 6 版的同样版面，所以对着阳光一看，空白处就有了广告内容。这个广告的创意手法奇特新颖，引得人们争相传阅和谈论，因而取得了很好的宣传效果。

【例 2.8】adidas“投篮”广告（图 2.7）。

点评：adidas 的广告一向具有创意性。一个机器人的下肢让运动员跳得更高投篮，但实际上是 adidas 的鞋给予运动员这种 power。正如广告语所说“more power to you”，让人从画面上也能感受到。

图 2.7 adidas“投篮”广告

4. 情景性关心点

所谓情景性关心点，是指人们处于特定环境氛围、特殊事件过程中，针对相关事件所形成的关心点。当人们离开这种环境，或这个事情结束后，公众就不再表现出浓厚的兴趣，甚至一点也不关心。利用这种关心点做宣传，成功的关键在于及时。只要公众正在高度关注某种事件，广告作品及时推出来，就会赢得公众、赢得市场。

【例2.9】美国加州电台播出近期有风暴侵袭的预告，人们正在聚精会神地收听，惊魂未定。突然，一条广告插了进来，一个甜蜜的女性声音在劝告人们：夏威夷是最好的避风港，你们已经受够风暴的困扰，快到夏威夷来吧，这里阳光灿烂。从此“夏威夷——宁静的海湾”给听众留下了极其深刻的印象。尤其是当风暴拼命地敲打着窗户时，传来：“夏威夷，阳光灿烂；……”

这是一条十分成功的适时广告。广告策划人士抓住一个生活情境，创意了这条广告，而且安排在电台风暴预报后面，针对性强，颇具影响力。

5. **情感性关心点**

人是最富情感的。对于现代人来说，在情感付出、情感享受、情感幻想等方面具有特殊的需求。人的情感是多种多样的，有源于血缘关系的亲情，有亲朋挚友之间的友情，有男女之间的恋情，有恋乡怀旧的乡情。如果在广告创意中，能够根据产品特点和目标消费者的情感心理，设计出具有感染力的意境，就可以诱发人们产生情感心绪，并进而引发消费动机。

例如，我国青岛啤酒之所以能够打入美国市场，是由于在广告创意中巧妙地运用了“乡情”这个情感性关心点的结果。青岛啤酒在美国最早推出的广告主题是“青岛啤酒是用崂山矿泉水制作的”。广告发布后收效不大，分析其原因主要是用矿泉水制作的啤酒很多，不一定非要喝青岛的，且真正的美国人对青岛啤酒缺乏了解，对广告所宣传的内容持怀疑态度。于是，青岛啤酒改变了广告策略，首先把诉求的目标由美国人转向美籍华人。其次是把广告主题改为“喝一杯家乡的清泉水”，以情感人。俗话说：“月是故乡的明，水是家乡的甜”，通过这一广告主题的宣传，激发了美籍华人的思乡之情，产生购买“家乡清泉水”的欲望。用矿泉水制作的啤酒虽然很多，而用家乡清泉水制作的啤酒则只有这一种，欲思乡寄情，唯饮青岛啤酒。就这样，青岛啤酒一举打开美籍华人啤酒市场，并站稳脚根。以后随着各种渠道的宣传和产品质量的印证，才逐步推向美国人，扩大了市场。

【例2.10】瑞士铁路局的广告（2.8）。

点评：整套三篇广告的创意，是通过对人生旅程三个阶段的表现，传递出主题“人生的一站”，寓意瑞士铁路局会带你到达你所希望的“人生的一站”。

人的需求是多方面的，因此，消费者的关心点也是多方面的。除了上面几种关心点之外，还有利害性关心点、浪漫性关心点、人际性关心点、地位性关心点、习惯性关心点、时尚性关心点、职业性关心点、性别性关心点、年龄性关心点等。这些关心点在广告策划中同样具有较高的创意价值，可以产生巨大的影响。

图 2.8 瑞士铁路局的广告

二、根据不同消费群体选择关心点

广告策划过程中，经常遇到目标消费群体关心点的选择问题。选择最恰当的受众关心点，是其广告最大限度而又有效地影响受众的关键所在。因此，选择受众的关心点应具有科学性和艺术性。消费者关心点的选择主要注意以下几个方面：

1. 在对产品的特点进行分析的基础上进行选择

人们在社会生活中，根据产品的基本功能和属性，会形成比较稳定的、带有定势色彩的消费心理。

例如，我们一看到情侣表，总是与情感生活联系在一起。如果选择的消费者关心点符合这种产品的联想心理和消费心理，那么广告作品就能产生较大的影响。

2. **根据市场调研及消费群体的定位进行选择**

消费者类型各异，且由于其经历、知识、社会关系、年龄和需求不尽相同，所以消费者关心点也是不一样的。选择恰当的消费者关心点是极为重要的。

另外，在广告表现方式上要有震撼性，并创设广告的意境。

广告的表现方式要有心理感染力和鼓动性。如果广告作品所选择的消费者关心点适合于目标消费者的定位和产品的独特性要求，而在表现方式上缺乏心理感染力和鼓动性，即在广告主题、氛围色彩以及音效的表达上平淡无奇，则无法有效地触动消费者心理，那么广告作品的效果也就可想而知了。从某种角度来看，广告的表达方式是否富有心理感染力，直接决定着广告宣传的成败。因为消费者关心点是一种心理思维活动，若是缺乏有效的启发与引导，它就不会表现出来，也就难以产生消费动机。如图2.9所示的公益广告，相信会在某种程度上触动你。

图2.9　这是我们庆祝地球生日的方式吗？

通常情况下，消费者的关心点是基于某种需要形成的，在他们的内心世界中，往往形成了比较具体、清晰的图像，建立了比较现实的而又理想的境界。广告的意境只有切合消费者的基本要求，才能充分发挥作用。此外，广告意境的健康与美观也是极其重要的。如果是以不健康的氛围诱发消费者的关心点，不仅不能达到目的，反而会给消费者留下不良印象；同样，缺乏美学意境的广告作品，也将无法真正激发消费者的关心点。

【例2.11】海港城广告（图2.10、彩图8）。

点评：与广告的文案遥遥相应，同幅画面都是闪闪发光。漂亮不是明星的特权，海港城能让你闪耀人生最精彩的一次。广告语："一生闪一次"，以感性诉求的广告手法，牵动受众的感情，让其产生共鸣。

图2.10　海港城广告

第五节　国际上常用的几种广告创意策略

现代广告中，创意的策略通常可划分为两大类：一类是传统型的广告创意策略，是以企业和产品营销为轴心的；另一类是灵感型的广告创意策略，是以产品的象征意义以及消费者的心理因素为轴心的。

广告创意的策略主要由以下要素构成：确定广告目标（target），广告诉求的主要信息（concept），消费群体定位（position），推出时机（timing），范围的选定（area），选择适合企业或产品的媒体（media）。

一、传统型广告创意策略

1. 传统型广告创意策略的主要内容

（1）企业产品的定位。产品定位即产品或品牌在消费者心中相对于竞争对手所应占据的位置。产品定位必须首先对竞争产品的形象有足够的了解与研究，以便能够以不同于或超过竞争对手的产品个性满足消费者的期待。

（2）消费目标的定位。即确定产品的销售对象，其内容包括年龄、性别、职业、居住地域、社会文化特征等。

（3）确定产品承诺和依据。产品承诺指产品质量以及消费者从中可获得的满足。承诺依据是产品承诺的保证，是使承诺真实可信的条件。

（4）确定广告意境氛围。即围绕产品所营造的表达风格，可分为理性型、示范型、信息型、象征型、幽默型、唯美型、幻想型等。

【例 2.12】某高级咖啡的广告创意策略。

定　位：高质量咖啡。

消费者：现有及潜在的高级咖啡品味者。

承　诺：咖啡极品。

依　据：咖啡豆完全由著名咖啡专家亲手严格挑选。

气　氛：南美异国风貌与古大陆的传统气息。

2. 奥格威策略

著名英籍广告家奥格威认为，广告的首要作用是其信息功能，因此，广告创意必须以此为轴心，通过展示产品或品牌的质量来向消费者传达有关参考信息。奥格威策略的要点如下：

（1）首先应对产品的大小细节了如指掌。产品不需要代言人，产品自身就是对其特点的最好说明，广告的作用只在于如实地表现这些信息。

（2）产品承诺实际已包含在产品质量之中，因此，广告应重点突出产品的独到之处。

（3）将产品置于人物活动当中，使其与人物融为不可分割的一体，从而获得消费者对两者的连锁认可。

（4）避免产品的位置被各类明星的风采所取代，即防止喧宾夺主，令消费者只记得明星而将产品忘得一干二净，或只知道产品品种而忘记产品品牌。

（5）对产品广告传播方法以及消费者态度进行持之以恒的测试，以获取第一手信息资料。

（6）示范产品的功效。奥格威策略的代表性作品之一，是为某超强度胶水所设计的电视广告。广告通过一组真实的镜头，展示了几滴胶水就可将一名受试者双脚朝上地悬空倒粘在天花板上，整个粘合过程仅需短短 10 秒钟。观众亲眼目睹了全部示范过程。广告的末尾还特别强调了该广告片未采用任何特技制作。通过产品展示来向消费者提供所有参考信息，而无需在产品承诺上枉费唇舌。

【例 2.13】美极广告（图 2.11、彩图 4）。

点评：整个画面让人只想到一个字“鲜”，有了美极鲜，生的东西也很好吃。鲜艳的颜色搭配也大大提升了消费者对产品的好感度。

图 2.11　美极广告

二、灵感型广告创意策略

1. 明星策略

明星策略由法国著名广告家塞格拉（Seguela）首创，又被称为 RSCG 模式，它是将产品视为明星的创意策略。明星既如常人般有血肉之躯，又有异于常人的独特魅力。明星策略的主旨就在于营造恰当而又独特的气氛，使产品如明星一般，蒙上一层诱人甚至神秘的光彩。

20 世纪 70 年代初消费者的心理状态发生变化，消费者更多地追求一种新的生活方式、风格与情致。广告中简单的产品承诺以及承诺依据渐渐失去了吸引力，因此，产品的象征意义和品牌的个性成为人们兴趣的中心。RSCG广告公司为“黑卡”牌咖啡的上市而设计的广告，成为明星策略的一大杰作。

传统咖啡广告创意策略以产品的“体貌”为中心。塞格拉独辟蹊径，将创意策略瞄准产品的“性格”，即咖啡不仅是一种简简单单的饮品，而且赋有感情内涵。塞格拉选择了年轻恋人的彼此诱惑及亲密性格，一个只属于两人的激情世界。两年之后，“黑卡”牌摘取了法国咖啡市场销售桂冠。

明星策略被塞格拉称为三位一体，其要点如下：①体貌——并不特指产品的“美貌”，而指其功用。产品功用中独特而又经久不衰的特点是明星策略的发掘对象，恰如真正的明星不仅迷人而且魅力永驻。②性格——产品所拥有的个性。若产品不是仅仅以物质的面貌——产品的质量等出现，而是以其象征意义出现，它就拥有了自己的性格。这种性格特点在可口可乐饮料广告中已表现得淋漓尽致。③ 风格——表现产品性格的手法。如波澜壮阔的场面、扣人心弦的事件、与产品“体貌性格”水乳交融般的和谐，以及不可抗拒的神圣、虔诚的气氛等。

【例2.14】广州奥林匹克花园，其广告运用了明星策略。

背景简介：广州奥林匹克花园位于广州番禺洛溪大桥东南入口，是深圳、珠海进出广州的必经之地。占地面积超过16万平方米，以绿化为主题，以运动为向导，提出“运动就在家门口”的广告口号，燃亮了全国运动家居文化。

金业集团与中体产业公司强强联合开发的广州奥林匹克花园，将体育产业、健康产业与房地产业嫁接，在全国率先提出复合地产的创新理念，首创“阳光健身工程”大型住宅小区。在1999年荣膺“明星楼盘”桂冠。

奥林匹克花园产品与体育明星的和谐融合：

体貌：即功用——运动；

性格：以产品的象征意义出现——健康，用体育明星塑造品牌形象；

传播理念：运动带来健康；

风格：表现手法——开展广告活动：奥林匹克花园运动会，与体育明星互动。奥林匹克花园用体育明星作为其产品的代言人，赋予产品以新的附加值：运动与健康理念，使消费者对其产品——楼盘、体育明星——运动与健康的理念产生连锁的认同。

2. 品牌策略

即赤道策略，由法国赤道广告公司创建者瓦里约根据塞格拉的明星谋略发展而来。该策略注重品牌形象的内涵，也包含着消费者自我形象的塑造和自我价值的肯定。消费者的每一选择实质上都是对自我价值的选择。因此，创意策略须紧扣产品品牌或形象这一主题。赤道策略的前两点（即体貌与性格）与明星策略相同，在此基础上增加了以下四点：①使用范围，即产品使用特定的社会场所；②文化内涵，每一种产品所反映的某种文化特征；③消费者心态，即消费者每购买一种产品都是对自我形象的塑造；④消费反响，即所推出的每种产品都将接受消费者群体的评议。

【例2.15】经典房地产项目深圳“金地翠园”，其广告创意运用了品牌策略。

背景简介：金地翠园占地面积8192平方米，是个L形的不规则地块，而且东南侧有个加油站。其有利的方面是位于福田区，交通便利，周边还有成熟的楼盘。由于金地翠园楼盘本身的特质和经营规模、经营方式等，楼花的销售率很高，达到90%以上。其销售价格为：均价6920元，高出同类楼盘12%，而且当年开工就售出98%，当年交付。金地翠园成功地运用赤道策略进行了品牌创新。其主要内容为：

深圳金地翠园主题创新：现代和翠。

体貌——舒适宜人的生态环境；

性格——百分百绿化，空间立体绿化（推出广告：明亮建筑，透亮心情）；

使用范围——由市场分析的结果进行确定；

文化内涵——艺术小区；

消费者心态——通过住宅展现个性，塑造自我形象；

消费者群体的评议（消费者的口碑效果）。

赤道策略主要适用于高档产品，是一种高标准的策略，在表现手法上要求产品内涵与外部特征的高度协调。由于各个时代的社会、文化特征不断变迁，且消费者心态也并非一成不变，这些因素在某种程度上都增加了赤道策略的难度。

【例2.16】PUMA的形象广告（图2.12）。

点评：广告中并没有推销任何新的产品，但模特动感的肢体语言，还有一声轻轻的Hello，使人感觉到PUMA年轻时尚的品牌定位。

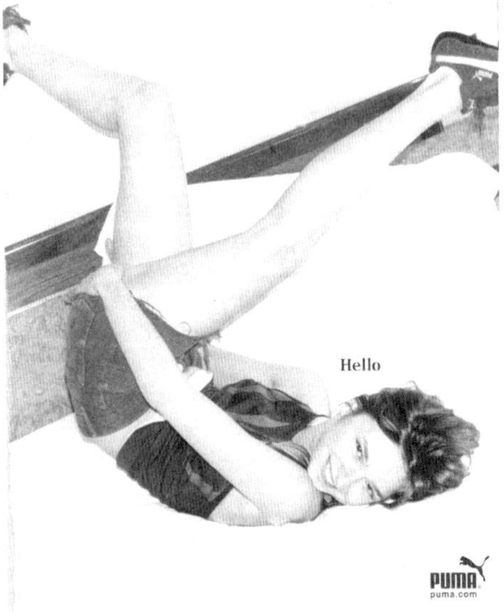

图2.12　PUMA形象广告

3. 蛮族策略

所谓蛮族，是古代希腊、罗马人对外族人的称谓。法国CFP广告公司别出心裁地借用这一概念，其中有两层含义：一为深层内涵，即人类文明的发展正是在与外族的交往甚至战争中实现的，蛮族并不简单地意味着野蛮，而更是一种人类全新文明的象征；二是其战争意义，即今天的世界经济战、商战已成为各竞争对手的战略出发点，因此，以战争策略指导广告创意具有特殊意义。另外，CFP 广告公司选用“蛮族策略”这一出人意料的概念，本身也正是其发展战略的一个体现：战者出奇制胜。不少广告客户正是抱着对“蛮族策略”的好奇心理而登门造访。

蛮族策略的三大要点是征服的欲望、出其不意的进攻角度和单刀直入的力量。具体包括以下方面：

（1）确立战略信条：具有更大的雄心，不惧风险，竭力单刀直入。

（2）选择战场：从哪家竞争对手中夺取哪块市场？选取哪些消费者为进攻目标？

（3）分析对手的薄弱环节：竞争对手的哪项弱点将导致其失去原有的顾客？

（4）广告传播目的：如何把握竞争对手的顾客所未被满足的需求？以何种奇力动摇这些顾客对竞争对手的依附？

（5）选择进攻角度：以何种出奇不意的方式将自我的奇力投入战地？

（6）战术要点：标定消费者群的类型及其社会文化特征，对消费者的承诺或可得利益，承诺依据或利益依据，展现产品的个性魅力。

（7）扩大征服行动的范围：企业发展规划，组织有影响的活动（在各类传播媒介上占据一席之地），协调促销、公关、信息和产品分配。

广告创意离不开想象、灵感和创作激情。然而，广告创意更离不开科学的严谨与求实，两者的有机结合才是获得专业高水平的必要条件；而一个周密、又不乏新意的广告策略是这种专业高水平创作的可靠基础。

【例 2.17】M-ZONE 迎春广告（图 2.13、彩图 9）。

点评：M-ZONE 的系列广告一向给人青春、活力的感觉，这次的迎春广告也不例外。帅气的模特再加上传统的春节大头公仔，产生让人意想不到的效果。在浓郁的春节氛围中推销了该品牌彩铃、短信等特色服务。

图 2.13　M-ZONE 迎春广告

三、广告策略应用篇——房地产广告创意策略

房地产广告运作的一般流程是：①市场调查分析与预测；②产品特性与目标消费者分析；③ 深入了解竞争对手状况；③ 广告定位；⑤整体策划系列广告活动；⑥ 制定项目全程各阶段广告策略；⑦确定广告表现形式；⑧选择广告传播媒体；⑨开展广告创作活动；⑩媒体广告设计与制作。

房地产广告有三个基本要素：一是产品，二是地段，三是价位。房地产广告的创意策略要围绕着广告的这三个基本要素，根据目标消费者的欲求和需要（如求豪华、求实用、求方便、求睦邻等），营造出不同的意境，制定广告创意策略。

以下列举一些广东知名的房地产广告创意和策略。

1. 汇景新城：新亚洲之魅

全球化风潮泛滥到了今日，关注地域文明和民族文化的思维被重新唤起。汇景新城的广告定位在这方面堪称典范。在关注建筑设计现代化和实用性的同时，汇景新城广告创意尝试融入古老的东方哲学，针对东方人崇尚自然超脱、追求清新和谐的特点，对楼盘设计风格进行了全新的诠释。在“明月清泉”的广告语——“小隐于野，大隐于市”中，中国哲学思想指导下的人生追求被发挥得淋漓尽致，像西方人一样工作着，像东方人一样生活着，追求物质进步的同时，避免在精神生活上迷失。“审视世界，发现亚洲独特的东方魅力”，这句广告词带来的不仅是一个成功的楼盘，还有更深层的思考。

2. 珠江帝景：每天的水岸心情

广告的成功，是在创意与叫卖之间找到一个平衡点。这句广告词简单勾勒出水边生活淡淡的轮廓，恰如其分地道出楼盘最主要的卖点，又不失语言格调之美，在意境创设上更兼顾了一种情景交融的艺术境界，似乎是一首小抒情诗的首句，读者联想由此翩翩展开，仿佛置身于其中。水居与心情，内情与外景，读它时向往的感觉也恰似轻烟渺渺水面上泛起的层层涟漪，无声无息地荡漾开去。唯美而不流于空洞，平淡而不失高雅，白描手法的合理运用，应该是这句广告词最成功之处了。

3. 保利百合：爱家的男人住百合

瞬息万变的年代，男人对女人的审美标准无时无刻不在改变着，时下女人眼中好男人的定义较之几年前也发生了强烈的变化。只懂得一味在职场上日夜拼搏，纵使腰缠万贯，却身心俱疲的事业型男士，已被从女性辞典中对“成功”一词的诠释里剔除出去；相比之下，那些颇讲究生活情调，懂得忙里偷闲、享受生活的恋家男人反而大受靓女们的青睐。于是，女士们最新审美观点便造就了保利百 合这句经典的广告语。百合一词本身，在花语中象征着一种稳固绵长、纯洁无瑕的感情。从整体上品味，这句广告语隐含了如此强烈的暗示：选一个爱家的男人，买一套保利百合的房子，就可与心爱的他共同拥有一世甜美，百年好合。

4. 白云高尔夫·荷塘月色：自然生活哲学

每一个捧过初中语文课本的人，无论如何也不会不把这个楼盘名字与那篇同名的传世佳作联想到一起。都说每个有文化的中国人骨子里都有朱自清式的文质彬彬，于是月色中恬静的荷塘、夜风里轻轻摇曳的荷花自然成为疲惫心灵稍事休憩的理想港湾必备的一个场景。“自然生活哲学”是对这一概念的延伸，也是对这一理想的总结。从楼盘名称的敲定到广告词的设计，广告策划者没有纠缠于多余的文字，而是利用中国人已有的文化背景，给读者留出了广阔的联想空间。

5. 时代玫瑰园：新解构生活

这句广告词是年轻一代重新定位生活的宣言。人一生有二分之一是在自己的居所中度过，居住者总会力图选择能够代表自身风格、符合个人文化的居住环境。于是从钢筋水泥的简单组合，到风格各异、个性独特的大小社区，现代楼盘的设计融入了越来越多的人文色彩。从新年伊始那场云集众多国内知名摇滚乐队的元旦狂欢秀，到前一段时间广东美术馆时代分馆的成立、中国第一个人文社区的评定、《向左走、向右走》首映式等，时代玫瑰园通过一系列的广告传播活动重新诠释“年轻人”的阳光开放的生活方式，在创意上演绎一种挣脱束缚、改变常规、创造新的生活与人生的新人文精神。

6. 旭景家园：70 年代家园

这句广告词的经典之处，取决于发展商对该楼盘销售目标的精确定位——生于20 世纪 70 年代的年轻白领。如此明确地指明了销售对象，可谓兵行险着，险中求胜。虽然从一开始就似乎放弃了其他年龄层的潜在客户，然而却换来年轻白领们对其强烈的归属感，这显然是建立在前期对细分市场认真细致的区别分析的基础上的。经历几年奋斗之后，事业取得了一定成就，经济较为宽裕，开始考虑成家立业，而买房置业也就成了这一年龄阶段考虑最多的问题之一。坚实的购买能力，强烈的购买意愿，无论从哪个角度看，看似孤注一掷的冲动，却是深思熟虑的成果。

7. 波尔多：生活就在不远处

城启集团为波尔多庄园设计的这句广告语，体现出了其对市场需求和消费者心理的敏锐触觉。什么是生活的本原？自人类社会进入工业时代以来，这个问题就被反复探讨过。当你埋头拼搏而疲惫憔悴，当你渐渐迷失在追逐名利的游戏中时，真实的生活也正悄悄离你远去。于是，提倡生活的回归，倡导质朴、自然的生活模式成为近年来都市中最引人关注的热门话题之一。“生活就在不远处”这句广告词强烈地暗示着诉求对象，波尔多可以带给他们的，是心灵重归恬静、生命重回自然，其广告意境令置业者对格调自然、优雅灵韵的生活浮想联翩。

8. 东方新世界：凝聚梦想的传奇

对于现代都市人来说，置业已经远远超出满足基本居住需求的范畴，成为自我肯定、实现人生价值的一个重要体现。因此，如何走出“钢筋 + 水泥”的冷诉求，转而更加注重房子所寄托的情感与理想，成为房地产广告的一个重要思路。东方新世界这则楼盘 广告正是以此为着眼点，将广告战略的重点直接指向了事业成功人士。该广告准确地把握了置业者的心理状态，力图以传奇式的事业与人生梦想来唤起他们情感的共鸣，从而达到顺利促销的目的，的确有其过人之处。

练习题：

1. 某家新品牌的可乐饮品在最初打入市场时，将一家老品牌定位为竞争对手。老品牌可乐的特点：历史悠久，拥有口碑。新品牌可乐的产品特点——新，消费者定位——青少年，广告口号——新生代的选择。

问题：(1) 新品牌可乐如何进行意境创设？

(2) 如何运用广告创意策略变劣势为优势？

2. 观摩某电视或报刊广告，选择有兴趣的企业或产品进行广告创意和设计。

第三章 广告文案写作

无论是精心的广告策划，还是新奇的广告创意，最终都要通过所创作的广告作品的形式来形象地展现。广告作品是由语言、文字、画面、音乐和音响等要素构成的，其中广告文案是广告作品的核心内容，它直接影响着广告的传播效果。

广告文案是指广告作品中，用以表达广告主题和创意的所有文字、语言的总和。文字是指诉诸视觉的书面形式语言，语言则是指诉诸听觉的有声语言。广告文案的写作就是依靠语言、文字表述，使广告的主题内容更加明确清晰、醒目动人。也就是说，广告文案的写作是在创意基础上，利用语言和文字去表现和深化广告创意。

怎样撰写广告文案？国际广告界有一个常用的，而且是经久不衰的 AIDA 经典公式：A（attention）——引起注意，I（interesting）——发生兴趣，D（desire）——产生欲望，A（action）——促成行动。

第一节 广告文案的组成结构

广告文案一般由标题、口号，正文、随文四个部分组成，各个部分传达不同的信息，承担不同的职能，发挥不同的作用。

一、广告标题

广告标题是对广告主题的凝结与提炼，所以，广告的标题往往放在最醒目的位置，以迅速引起受众的注意。正如大卫·奥格威在《一个广告人的自白》中所说："标题是大多数平面广告最重要的部分。它是决定读者是不是读正文的关键所在。读标题的人平均为读正文的 5 倍。标题代表着一则广告所花费用的 80%。"可见，广告标题的主要功用就是在瞬间内刺激消费者，诱发他读正文的兴趣，激发他购买的欲望，促成他购买的行动。当然，这些作用事实上往往是由广告各个部分配合来共同完成的。然而，标题的价值就在于抓住了消费者的视线，好的广告标题能够获得即刻的打动效果，吸引消费者进一步去阅读广告的正文。

业界人士常言道：题好一半文，题高文自高。广告创作也是如此。一个成功的广告作品必定会有着独特的广告标题，而一个成功的标题往往有事半功倍之效。

1．**广告标题的写作要求**

（1）大标题要新颖独特，引人注目。广告标题应该重点突出，通过文字的表述或其他暗示，使那些漫不经心的读者受到瞬间的震动，吸引他们的注意力。总之，广告标题必须把顾客最关心的内容表达出来，引起读者注意。

【例3.1】可口可乐公司广告标题：

可口可乐，全球最熟悉的商标

此广告标题强调这是全球性的国际品牌的饮料，具有一种真实的震撼力，用以使品牌延伸。

【例3.2】英国名牌汽车劳斯莱斯广告标题：

本车是世界上最昂贵的汽车

广告标题从价格上突出了劳斯莱斯车的豪华规格和优良品质，并迎合了一些消费者追求豪华的高消费心理。

【例3.3】蓝鸟茶叶公司广告标题：

贵族的饮料，平民的价格

此广告标题提醒消费者强势品牌的最实际的价格，以吸引消费者注目.

（2）标题的用词要精心选择，运用要恰到好处。注重文字的标识性和象征性，避免使用令人乏味的陈词滥调。标题的字数不宜太长，以便于读者记忆；字体要大，位置要醒目突出，以区别于副题和正文。

【例3.4】美国晨星衬衫广告标题：

镜子将不再嘲笑您

该广告标题生动道出了人们照镜子的普遍心理，用侧面带出衬衫的好看，这种特别的角度更易于让人们接受。

【例3.5】美国派克墨水广告标题：

畅

该广告标题仅用了一个字，就充分表达出墨水的质量特点——流畅，又反映出其市场销售状况——畅销，真是独具特色。

（3）标题内容要使人一看就懂，便于理解，切勿故弄玄虚，因为多数读者和观众都不愿意花费时间去琢磨一个广告标题的含义。

【例3.6】某捐血运动协会号召捐血广告标题：

捐血一袋，救人一命

（4）标题与广告内容要协调一致。广告标题的主要作用是引导读者进一步阅读广告正文，如果广告标题的语意与广告正文内容相悖，读者看了会不知所云。

【例 3.7】美林香槟小镇的一篇广告文案：

标题：创镇/7 宗 zui

广告语：有香槟，就有成功和欢乐

正文：

1. 7 日香槟之旅

永恒创镇灵感

2. 天竺核心“温榆河畔”

10 年成熟国际别墅区——365 日葡萄原乡生活。

硬信息：

1 宗 zui：10 年国际别墅区，zui 成熟。

2 宗 zui：门前京顺机场路，zui 高速。

3 宗 zui：仅限 286 户，zui“小”镇！

4 宗 zui：楼间距最大 59 米，zui 空旷！

5 宗 zui：18.3%建筑密度，zui 留白。

6 宗 zui：51%豪奢绿化率，zui 原乡。

7 宗 zui：共性装修主张，zui 精装！

配文：

“香槟”CHAMPAGNE，其实是一个地区名称，位于法国东北部，距巴黎 145 公里，车程约二小时。我们通常所说的香槟区分两个部分，南部为香槟区，北部为亚丁区。按照法国法律规定，只有出产于这里的灰葡萄酒才可以叫做“香槟酒”，否则只能叫做“气泡酒”。

在进行广告标题创作时，除了遵循上述要求，还要注意标题与广告画面、色彩的配合。优美的画面和鲜明的色彩能够更直观地表达广告内容，增强广告标题的感染力。

2. 广告标题的主要类型

广告标题的类型各异，本章从以下几个方面对其进行划分和归类。

（1）按照内容和形式，广告标题可分为直接标题、间接标题和复合式标题。

1）直接标题。直接标题就是标题中把最重要的事实和情况，直截了当地告诉消费者。人们一看标题就能了解广告的主要信息。这类标题往往以商标、商品或企业名称作标题。其优点是直陈其事，简单明了，实用方便，信息量大。有些写法雷同的标题，缺乏吸引力和鼓动力，如果不是知名度很高的产品或企业，往往很难引人注目。

因此，用直接标题赋予形象化和充满生活情趣的内容，再用艺术的语言来增强感染力和吸引力。

直接标题开门见山地说明广告的主旨，一语道破产品能给消费者带来什么好处。有的广告甚至只有一个标题而没有正文：

【例 3.8】盖中盖药品广告标题：

盖中盖，关念老人的健康

广告标题点明了其所定位的消费者，提示人们把此药品送与老人可表达对老人的关心之情。

【例 3.9】广州保济丸广告标题：

百年老牌产品，肠胃不适之良药

广告标题会带给人们一种老字号信誉高的信任感。

【例 3.10】达克宁药品广告标题：

脚气是由真菌引起的，达克宁能够杀死脚气的真菌

清晰地说明前因后果（效果的果），很有针对性。

2）间接标题。间接标题与直接标题相反，它不是直接点明广告主题，而是通过采用多种表现形式对消费者提醒或暗示，吸引他们去读正文或看画面。这类标题具有生动、活泼和趣味性强的优点，会让人产生非要弄个水落石出的想法，这样就会间接导致购买行为。

【例 3.11】马塞力锤子广告标题：

它有自己的脊梁

广告标题的语言有力简练，标示了品牌坚实有力的经营理念和方法，也说明了产品的特色和实用。

【例 3.12】加拿大宝姿服装广告标题：

只想告诉你……

广告标题欲言又止，引诱你想了解更多，又好像是想告诉你它的特色和好处，吸引你自己去购买并验证。此标题虽没有用过多的文字炫耀，却以悬念引人入胜。

间接标题如果运用不好，有时会让人困惑和费解，如果再故弄玄虚，则会让人感到不知所云。因此，在写作间接标题时不可过分咬文嚼字。

另外，间接标题不直接揭示产品的特性，而是利用间接方式宣传产品的特点和功能。间接标题讲究用词，具有艺术性，给人回味和想象的余地。

【例 3.13】天霸表的路牌广告标题："挡不住的诱惑"，同时，配上这样一幅画面：一个女郎撕开遮在她面前的帏布，用惊讶、羡慕、急不可待的眼神看着一块精美的天霸手表。

此广告标题可以说是间接广告标题的佳作。

3）复合式标题。复合式标题是直接标题和间接标题的综合运用，它集二者的长处于一体，既直接点出商品或牌号，又采用艺术手法使之具有一定的吸引力。

复合式标题一般由引题、正题、副题三部分组成。有时也可由引题与正题、正题与副题两部分组成。引题在前烘托气氛，吸引顾客，引出广告信息的主体——正题。副题是对正题的进一步补充和说明。复合式标题适用于内容较多、较为复杂的广告文案。标题三个部分的内容由简至详，由浅入深，揭示广告主体信息。

【例 3.14】泰诺感冒咳嗽糖浆广告标题：

正题：强生泰诺，信心承诺

副题：关心孩子健康，家中常备泰诺

这则复合标题押韵顺口，广告主题鲜明，具有艺术感染力和说服力，读起来感觉很流畅，让人过目不忘，并乐于接受。

【例 3.15】春兰企业登载在《光明日报》上的广告标题：

引题：春兰金牌保姆始终追求最好

正题：金牌保姆宣言

【例 3.16】松下电器变频式空调的报纸广告标题：

引题：销售进入第二年

正题：松下电器变频式空调的受用者越来越多

副题：这么多的笑脸是舒适性和令人信赖的质量之证明

这两则正标题将广告的主题及其要表现的主要内容进行了表述，人们看了标题就能明显地知道广告的中心内容是什么，广告正文中具体解释和介绍的是有关怎样的内容。这使得标题体现了作用：在无意识的受众群中，分离出潜在的消费者，诱使他们继续关注正文的细部诉求；同时，也使匆匆浏览的受众，能在最短的时间里将该广告的主题表现有个大致的了解，为更深层次的诉求打下基础，也为最广范围的受众知晓率起到一定的作用。

（2）按照表达方式，广告标题可分为悬念式标题、问题式标题、祈使式问题和新闻式问题。

1）悬念式标题。首先设立一个悬念，令读者产生疑问，并迫切希望寻求到答案，从而引导读者更深入细致地阅读广告正文。这种标题往往给读者更强烈而深刻的印象。

【例 3.17】以色列航空公司的广告：一张巨幅的大西洋画面，但是一边却被撕去一部分，在空白的地方写着：从 12 月 23 日起，大西洋将缩短 20%。

广告一语惊人，令人们看了广告标题，马上会产生疑问，大西洋怎么会缩小？于是读者抱着强烈的好奇心继续阅读广告正文，原来是以色列航空公司在宣传它们的航班是如何的快速和便捷。

2）问题式标题。广告标题提出一个人们较为关心的问题，最好是同消费者切身利益有关的，然后说明解决问题的办法。

【例 3.18】美国通用电器广告标题：

为什么还要苦熬另一个夏天呢？让通用空调机使您保持凉爽吧！

3）祈使式标题。运用祈使句，礼貌地请求消费者使用本企业的产品。祈使式标题可以表达一种诚恳、真切的态度，使消费者产生对企业、对产品的好感；但切忌使用命令的口吻。

【例 3.19】康泰克药品广告标题：

感冒了，请服用康泰克。康泰克，无微不至的照顾。

这个广告标题让人逢感冒就会立刻想起要用康泰克。

4）新闻式标题。指在广告标题中加入新闻性的消息，诸如某新产品的推出，某企业召开技术鉴定会，某产品在何处举行展出，等等。能为人们提供最新信息的标题往往最能引起人们的注意。有关调查表明，带有信息的广告标题往往会多出 22% 的人记住它。

【例 3.20】某鲜花店广告标题：

今日本店的玫瑰售价最为低廉，甚至可以买几朵送给太太。

3. 广告标题的写作

广告标题的表达形式多种多样，写作技巧也是千变万化的。标题的撰写是一项复杂的工作，要求对各项知识进行综合运用。只要符合标题的内容、形式、目的和作用等方面的特征要求，创作的天地自由而广阔。

为了更好地发挥广告标题的作用，在拟定标题时，应遵循下列要求：

（1）紧密结合主题，避免故作离奇。广告标题是广告正文的高度概括。因此，标题应该与广告主题紧密结合，使人们看到标题，就能理解广告主要是讲些什么，不能脱离正文故作离奇之笔。即使是间接标题，也应使人联想到广告的产品类别。

【例 3.21】像母亲手一样柔软的儿童鞋。（小王子牌儿童鞋广告）

广告标题用母亲的手比喻“鞋子”那种舒服合适的感觉，让家长们乐于接受。

（2）文字要简明精炼。广告标题的文字要简短扼要，内容要具体实在。标题文字不可过多，以 6 ~ 12 个字最为适宜。尤其是路牌广告，呈现给流动着的人群，更应简明扼要。如果标题本身就冗长烦琐，令人生厌，怎么能够引导受众阅读或收看正文？但这并不等于说标题越短越好，也不是说为了简短，就人为地削减应该在标题中传达的信息，或是制造过分的简略。在广告标题创作中应特别注重运用人的记忆和视觉规律。广告标题究竟多长合适，应根据广告使用的具体媒介、广告对象和广告意图而定，不能一概而论。对于有多种特点和功能、必须传达多方面信息的商品，最好做系列广告，每次只涉猎一个方面的内容。

【例 3.22】统一小心点拉面丸广告标题：

给我小心点儿

（3）标新立异。广告标题也是一种创作，应该有自己的语言特色，有自己的个性和新颖独特之处，不宜袭用他人惯用的标题，更不要陈词滥调，人云亦云。应选择为人们提供最新信息的标题，在“新”字上下功夫。诸如新产品，或者老产品的新用途、新概念、新材料、新设计、新款式等，都是写作标题的好角度，标题中这些新的信息最易引起消费者的注意。标题的表现形式要别具特色，尽量找出商品的特点，甚至要制造与商品有关的特点，写出标新立异的标题。还可适当设置一些悬念，使标题更富有刺激性和吸引力。

【例 3.23】某打字机广告标题：

不打不相识！

这则广告的标题真是既新颖又流畅。

【例 3.24】某印刷公司广告标题：

除钞票外，承印一切。

这则广告标题简洁明快，独具魅力。

二、广告口号

广告口号又称广告标语或广告语，是为了加深受众对商品、企业或服务的印象，在广告中反复使用的一种简洁精炼的文字形式。广告口号基于长远的销售利益，向消费者灌输一种长期不变的商品观念，使消费者对该商品形成固定的、良好的形象，并进行持续性购买，产生持续促销作用。

1. 标题与口号的区别

广告的标题与口号很相近，常常会被混为一谈，其实二者是有区别的。

（1）标题是广告的题目，旨在引起消费者的注意并诱使他们去阅读广告的正文，所以在广告标题的创意和设计上，往往是放在广告作品中最醒目的地方，并且通常会与照片和插图等有机地结合。广告口号的一个重要作用是要给消费者建立一种观念，用以指引消费者来选购商品或是劳务服务。所以广告口号通常是可以单独使用的。即使是放在广告作品中，其位置也没有特殊的限制，既可以放于刊首来代替标题，也可以放在结尾。

（2）广告的标题是广告作品中不可分割的重要组成部分，其在使用上具有依附性（依附正文或画面），所以它可以是一句完整的话，可以是半句话，也可以是一个词组或者一个词；广告口号无论在广告文中出现，还是单独出现，都必须是意义完整的句子，表达出明确的概念。

（3）从语言形式上看，广告的标题追求新、奇、美，属于书面语言，因而应调动一切修辞手段，别出心裁，花样翻新；广告口号所追求的则是力求朴素、自然，越口语化越好。

（4）广告标题经常是一次性使用；广告口号只有不断反复，加强刺激，才会产生预期的效果。多变的标题，不变的口号，两者密切配合，才是广告成功的秘诀。

2. 广告口号的写作要求

广告口号在企业及产品的宣传中有着特殊的地位和作用，在写作中一定要谨慎对待，尽量使消费者能够接受。要使广告口号能够引人入胜，写作时应注意以下几点：

（1）在广告内容上避免空洞无物，以大话取胜。有些广告口号在内容上没有任何特色，受众通过广告口号既不能了解关于企业的信息，也不能了解关于产品的信息。这样，专一企业或一种产品的广告口号却变成了可以适用于任何商品和企业的“通用”广告。有些广告主误以为广告口号写得越“大”越好，叫得响就一定卖得多。而现实生活中人们对说大话的广告口号不会产生良好的印象。所以，广告口号一定要言之有物并适于朗读。如果能把企业、产品或劳务的名称自然地嵌入广告口号中，在传播中不断地出现，将会大大提高企业或产品的知名度，达到广告传播的预期效果。

【例 3.25】艺高电脑广告口号：

棋高一着，艺高一筹。

广告口号巧妙地将品牌的名称镶嵌在成语俗语中，运用得当，并给品牌带来高可信度，产生一种气势和吸引感。

【例 3.26】正大集团在电视综艺节目中的广告口号：

爱是正大无私的奉献。

这个广告口号既体现了其深刻的内涵，又镶嵌得毫无缝隙。

（2）在文字、音韵方面。广告口号不只是通过一则广告发挥作用，它的作用很大程度上是在长期流传的过程中发挥的。一则合格的广告口号不是只能看不能说的“哑巴语言”，而应易读易记，通顺流畅，琅琅上口。所以，在广告口号的写作中，应避免使用方言和生僻难懂的词语，尽量使广告口号口语化。

【例 3.27】雪碧汽水广告口号：

雪碧，晶晶亮，透心凉。

广告口号简洁而易记，既突出了雪碧汽水的特点，也点出了饮用后会带来的感觉。

三、广告正文

广告正文是广告作品中主要的介绍说明文字，它是广告文案的中心部分，也是广告内容的具体体现。如果说广告标题的主要功能在于吸引消费者，那么广告正文的作用则在于说服消费者。消费者在广告标题的引导下，进一步从广告正文中得到可靠可信的信息。所以说，最终促成消费者对商品特性的认知和关心，对商品的偏爱乃至采取购买行动的，主要是靠广告正文的魅力。广告正文写作要按照正确而合乎逻辑的思路来表达广告的主题思想。它是对广告标题内容的进一步阐明，对广告承诺的说明和证实，对产品优越性的介绍，以及对所要达到的目的和印象的深化。

1. 广告正文写作的要求

（1）要真实，避免肆意夸大。这是广告正文写作的最基本要求。消费者初次接触广告的态度一般是将信将疑的，因此，广告正文的内容必须真实可靠，才能增强广告的说服力。应该避免大吹大擂或说一些过于绝对的话。如果广告总是自吹“全国第一”、“世界首创”、“畅销全球”、“包治百病”，或者说如果使用本产品一定会使你如何如何，而没有本产品你就会怎样怎样，这样不仅不能使人信服，还会使人反感，产生抵触情绪。

（2）要简明，避免长篇累牍。广告最忌讳冗长沉闷的说教，要用最简洁、最清楚的词句来说明产品优点，最好用琅琅上口、易读易记的短词短句。由于消费者接受广告的态度多是被动的，并不愿意开动脑筋去深究广告用词的含义，所以广告词应该通俗易懂，尽量不用晦涩难懂、含义模糊的词句，除非是专业性质的广告，否则少用专业性术语。

（3）语言运用要准确，恰到好处。广告正文的重心应当是为实现广告目标服务，有助于实现这一目标的陈述加以保留，与此无关的统统抛弃，不要留恋那些华丽的词藻和过多的修辞。撰写广告正文时，语气的运用也很重要，口气亲切温和，多用请求、劝说的语气，不要盛气凌人，把自己的意志强加于人，以免使人产生反感。

（4）要生动幽默，避免老生常谈。广告正文从第一句话开始，就应立刻引起读者的兴趣，多运用形象化、感性化、富有想象力的新颖文字。运用得当的幽默往往更能产生强烈的效果，能使老生常谈重新获得生命力。一般情况下，幽默性广告只适合于低档商品，而对强调高贵品格、气质的高档商品来说，幽默则不适用。但是，有趣并非专指幽默，只要广告正文生动而富有情趣，同样可以吸引人们的注意，引发他们的兴趣。

【例 3.28】美林香槟小镇"嫉妒篇"：

标题：说起温榆河，Townhouse 的心不由得嫉妒了！

正文：

"10 年，终于交到一个不一样的朋友"——别墅说。

"30 个 10 年，我等了 300 年"——温榆河说。

"如果，如果一切可以重来！"——Townhouse 的爸爸说。

硬信息：

美林香槟小镇——几百年未曾干涸的温榆河，随处可见的原生成木林，形成了小镇原生的自然环境。从 1993 年到 2003 年——10 年不断的成长，30 余栋别墅的持续崛起，形成了第一代成熟国际别墅区。

小镇周边欧式商业街、国际贵族学校、shopping mall、高尔夫球场、马术俱乐部……一应俱全——成熟了 10 年的国际高尚生活氛围。

未来的国际会展中心也将迁至这里。

该广告语言的运用可以说是恰到好处，寥寥数笔就把自身的优势、特点一一展现出来。

2. 广告正文的结构

广告正文的结构一般由三部分组成：开头，中心段和结尾。

（1）开头，也叫引言或开端，一般是承标题而来，对标题所提及的商品、劳务或事实和问题进行简明扼要的解释与说明，并引出下文。

【例 3.29】"太阳神"广告标题：

太阳神的昨天—— 一滴水如何辉映太阳的光芒？

（开头）一滴水也能辉映太阳的光芒。

开头承标题而来，开门见山，直接切入广告主题。

开头的方式可多种多样，除直奔主题外，也可略作提示，揭示广告的主要内容：也可交待广告的目的或动机；还可从释疑入手。正文开头的方式并非一成不变，可灵活多样。但不管采用什么方式，从哪个角度入手，都力求新颖别致，引人入胜。

（2）中心段，也叫主体段，是整个广告文字宣传的主要部分，包含的信息量最多。其任务是对开头的阐发和证明，要用具体的事实来介绍、说明广告标题，以关键性的、有说服力的事实突出本广告商品的特征和过人之处。

中心段的写法也是多种多样：可纵写，按发展的先后，有头有尾，始未清楚；也可横写，按事物的逻辑关系，分几个问题或几个侧面来写，有点有面，层次分明。

【例 3.30】美林香槟小镇中段文案：

一次嗅觉沿着原木瓶塞探寻生命真味的酒香之旅

一场心灵踏着葡萄根须回归生活原义的动情发现

一段珍藏于橡木桶深处发酵并美妙着的人生体验

一种凝结于高脚杯边缘沸腾并高远着的香槟情怀

该段文案的语意表达层次分明，妙不可言。

（3）结尾，是正文的结束部分，一般带有总括性和建议性，从而促使消费者购买所做广告之商品。

【例 3.31】美林香槟小镇广告结尾：

有香槟，就有成功和欢乐。

这个总括性的结尾暗示消费者有香槟与成功、欢乐的关联性。

一般以文字为主的广告，其正文结构总不外上述三部分，围绕着标题来展开叙述。广告正文在结构上并无定律，次序的安排也可灵活、变化，但总体上要有利于阐述广告主题。

3．**广告正文的写作原则**

广告是否具有说服力是决定广告成败的关键，而说服力主要是通过广告正文来表现的。虽然从根本上讲，广告的说服力主要取决于所推销的产品的功能和质量，但并不是有了好产品，就一定能写出有说服力的广告。这主要看广告在语言和形象上是如何表现的。

广告正文的写作可以有多种多样的体裁，也可以根据不同的媒介特点而创作，在写法上并无固定的模式。但是，写作广告正文时应注意以下原则：

（1）主线要清晰。广告正文所传达的广告信息一般比广告口号和标题丰富得多，因此信息的主线是非常重要的。要使广告正文的信息条理清楚，就要在所有信息之间建立明确的逻辑关系，并且按照这种逻辑关系决定每一个信息在正文中所处的位置和地位。

（2）重点要明确表达。正文的信息虽然丰富，但并不是所有的信息都同等重要，因此在正文中对于所有的信息也不能使用均等的笔墨，要把与主题关系最密切的信息作为重点，将它们突出地表现出来。

（3）用词要简明易懂，准确无误。在正文中，用词的准确比词语的新奇更为重要，因为口号和标题已经起到了吸引受众阅读或收听正文的作用，受众希望在正文中获得的是关于企业、产品、服务更为详细和准确的信息。正文的简明易懂与口号和标题的简洁明了同样重要，因为受众没有耐心去阅读过分深奥和含蓄的正文。

（4）要具有强大的感召力。广告正文必须有助于树立企业形象或者销售产品，因此广告的正文一定要有感召力，以唤起受众购买产品的欲望和兴趣。

【例 3.32】Toshiba 电视：

对自己的无知很无知，曾经在昨天流行。

逃避现实，不如逃避到 Toshiba 电视里去

沉默，你只需要沉默，甚至不必大哭一场，瑜珈静坐，或是向朋友倾诉。房间里就你和 Toshiba 电视，世界便会开始不同。

打开它，不管屋外的世界多么混乱、沮丧、无聊、孤独与哀伤，“得救了！”你的大脑悄悄对你说。Toshiba 正以高科技解放生理与心理，它左右你的视觉神经，让你的身体舒缓放松，瘫坐在柔软的沙发上；接着你的耳膜会陷溺于超感觉音场的欣快中；当它与电脑网络连线成为多媒体时，你的五官神经更会高度亢奋，内分泌开始活化，再度增强你面对现实的勇气。这个世界如果少了像 Toshiba 电视这样的免费家庭心理医生，人们对残酷现实的免疫系统功能确实会大打折扣。

戒掉爱情比戒掉 Toshiba 电视容易

恋爱中的人可以一日不见情人，却不可一日不看 Toshiba 电视，因为他们沦陷在比爱情更不可自拔的感观漩涡中！

初识恋人平均一天花 20 小时 56 分零 8 秒在对方身上，随着恋情降温，每天接触 2 小时已达极限，而世上也几乎没有永志不渝的爱情。Toshiba 电视不一样，它以高科技引发生物感官反应，平均每日沉迷时间 5 小时以上，是个一旦接触就难舍难分的伴侣。

它操控你的视觉神经，导致四肢无法离席上厕所；并制造超感觉音场，让耳膜陷溺于快感的波动；当它与电脑网络连线成为多媒体时，更加速细胞的脉冲传递，使五感高度亢奋。感谢老天让你遇见忠诚百分百的 Toshiba 电视，即便你极度依赖黏人也不会与你分离。

该广告正文适时地向消费者传递了这样一个信息：拥有 Toshiba 电视，生活会与众不同，采用情感诉求方式树立品牌形象，引发受众感情。

四、随 文

随文是广告文案的结尾部分，虽然它对表现主题和创意起不了什么决定性作用，但也是广告文案必不可少的。它的主要内容是告诉公众与广告主联系的方法，如广告主的电话、电传、电挂号码及联系人、地址等。没有随文，公众无法和广告主联系，也达不到广告宣传目的。

随文虽然简单，但必须仔细，避免差错，尤其是电话、电传、电挂号码应绝对准确。此外，由于随文在文案中并不居于主体地位，所以不要占用过多的篇幅，在写作上应使用简洁的语言。

第二节　广告文案的诉求方式

广告文案写作不同于其他文体写作的最根本的一条，是它最终要推销产品、服务或观念，带有强烈的功利色彩。因此，归纳起来广告文案的诉求方式包括两种：理性诉求和情感诉求。

一、理性诉求

理性诉求，是通过向消费者仔细地解释、介绍产品和服务，诉诸消费者的理性判断。这种写作方式强调逻辑分析及事实陈述，并通过反复证明、示范、对比等方法告诉消费者，这个商品能给他什么好处，清楚地显示产品的优点、利益和特色，进而说服消费者相信这就是他最理想的选择。理性诉求按其表现方式不同，又可具体分为叙述式、论证式、说明式等。

1. 叙述式

叙述式是用朴实无华的语言重点介绍产品，将产品的各项内容向读者娓娓道来，产生一种平和贴切的效果，这是广告写作中最古老而较有把握的一种方式。

【例 3.33】美国爱飞斯汽车公司的广告：

在汽车出租业中，爱飞斯只是第二，如此，为什么仍乘坐我们的汽车？

我们更为卖力。

我们只是无法忍受肮脏的烟灰碟，或是半空的油箱，或是用旧了的拭雨刷，或是未加洗刷的轿车，或是充气不足的车胎，或是比调整座位的调整器、加热的加热器、除霜的除霜器还不重要的任何事物。

显然我们在全力以赴地求取完美。让你出发时能有一辆活泼、马力充足的福特新车，以及愉人的微笑。嗯，让你知道在 Duluth 的什么地方能买一个又好又热的五香牛肉三明治。为什么？

因为我们无法让你白白地照顾我们，下一次请乘坐我们的车，我们柜台前排的队比较短。

这是一则比较优秀的叙述式广告，虽然文字较长，但是语言真切，有事实、有证据，既不标榜自己的服务是如何一流，也不吹嘘自己的公司多么强大，只在字里行间表达了公司服务的宗旨：全力以赴满足顾客的各种需要。对于顾客的照顾，公司将投之以李，报之以桃，一切为顾客的利益着想。这样的广告更能打动读者的心。

这种以事实说服人的表现手法，直接了当、简单精炼地表述商品特性，其特点是准确、客观地叙述事实。这类文案的说服力不在写作技巧，而在事实本身。所以它适用于特性显著的商品。

【例 3. 34】“松下新画王”的广告：

看新画王　听新画王　用新画王

Panasonic 以新画王在竞争中领先于同行业

由于采用特殊反光抗静电涂层和超级平面方角黑色显像管，新画王以明显的优势胜于同行竞争者。不仅如此，人工智能控制电路使图像具有近乎三维立体效果，图像生动逼真，而且伴音也悦耳动听。新式超薄“多梦”柱形喇叭伴音系统采用薄型扬声器，带有“氧化锌结晶纤维”，使伴音特别清晰而低沉有力。

全空间环绕音效和新型重低音的音响效果使伴音即使音量小也能播放得很逼真。最值得一提的是机体精巧，流畅顺滑，紧凑无比。新画王无论是外观或性能都能独占鳌头。

整则文案没有华丽的词藻，但叙述实在，符合情理。标题采用三个不同的动词，提醒消费者一种新产品上市了，正文紧扣标题，从三个方面介绍了产品的独特之处：看——显像管不同一般，图像逼真；听——伴音系统与众不同，清晰有力；用——质高又美观。

2. **论证式**

论证式广告以说理为主要表现手段，其特点是论说的严密性和思辩性，要求论点突出，论据充分，论证严密，讲求以理服人。

【例 3. 35】某抵制假药的公益广告：

“生病吃药，本该对症下药，以收药到病除之效。但据专家表示，国人常服成药，位居世界第一。这种未经合格医师诊断、擅自服药的习惯，往往造成药到“命除”的不幸事实。造成这种危险性的原因是……

吃了伪药，后果严重：因为伪药无药效可言，同时那些缺乏药学常识制造假药的不法之徒，采用廉价原料来做代用品，大多含有致命毒性，即使毒性较轻，也有害于病情，延误正确治疗时间，更是残害健康，甚至贻害子女，遗悔终生。

有病找医生，不要乱吃药。……生病时，还是请到合格医院诊断，按照医生处方，向指定的药房购买，确保自己的健康，幸福！

这则论证式广告有事实有论证，以伪药带来的严重后果为论据，论点突出，论据全面，论断准确，论证详实，使读者看后心悦诚服。

3. **说明式**

说明式广告以说明为主要表现手法，对商品的性质、特点、内容、成因、功用等加以详尽说明，以使消费者了解商品的规格、性能和使用方法，多见于药品广告。

这类广告文案也是用事实说话，运用有关数据、专家鉴定、获奖名称、获奖等级或证书，以及消费者的反映等作为证明进行宣传。由于这些数据、证书、专家和消费者的反映具有权威性，因此，有较强的说服力。

【例 3.36】“春兰空调”广告：

春兰空调——品质超众　再获殊荣

1994 年 5 月，春兰空调率先通过由国际标准化组织颁布的 ISO9001 国际标准认证。ISO9000 系列标准，由国际标准化组织颁布，目前已被 50 多个国家和地区所采用，被誉为企业进入国际市场的“通行证”。ISO9000 系列标准分有五个标准：ISO9000 标准～ISO9004 标准。其中，ISO9001 系列标准规定了从产品设计到售后服务的质量保证体系要求，是最为全面的标准。

1995 年新春伊始，又传佳音：全国 48 家商场联袂推举公认，《消费时报》第十次产品质量市场评价揭晓：春兰系列空调再次荣获空调产品榜首。

春兰人感谢广大消费者的信任与厚爱，在新的一年中，将再接再厉，为用户提供更加精良的服务。

这则广告以率先通过国际标准认证，说明春兰空调高质量的特征，使人深信不疑。

总之，为了增强理性诉求的说服效果，我们可以运用多种表现手法；但是，所有的说服技巧都必须建立在产品品质良好的坚实基础上，说服技巧不是为劣质产品披上遮羞的外衣，而是促使优质产品放射出更加夺目的异彩。

二、情感诉求

情感诉求，它是相对于理性诉求而言的。在过去很长一段时间里，商品之间没有多大的竞争，商品上市之后多数是供不应求，此时用理性诉求即可大获成功。也就是说，只要在广告中道出产品独一无二的特色就行，它是从概念化、理性化的角度来诱导消费者产生购买行为，如在广告中告诉消费者什么手表最准时、什么冰箱最省电等。但是，当市场上的竞争加剧，生产迅速发展，产品迅速更新换代，一种新产品出现，同类性能的产品马上接踵而至。因此，在市场上无论是哪一种产品都很难保证有与众不同的品质或性能。当谁也无法在产品自身上找到突破口时，便把目光转向感性诉求上。感性诉求不是从商品本身的特点出发，而是运用商品所固有的或人为附加的情感来引发消费者的认同，通过极富人情味的方式，去激发消费者的情感，给消费者以亲切感。

【例 3.37】日本 SIGMA 变焦镜头广告：

自然的姿态，坦率又真诚。我凝视着您又渴望拥有您，所以我把您接近；虽然相距一百二十倍，但我也感觉到您的热情。

爱侣般甜蜜温柔的口吻给人优美的艺术欣赏性，有慑人的魅力，以情调动人。

【例 3.38】某会计书广告（图 3.1）。

一本关于会计书的广告，整幅画面都是深沉的蓝色，没有鲜艳的颜色对比，让人看后很压抑，正好配合文案写道：“三千亿公务员退休金负债，你负担得起吗?”从而引出所诉求的产品，让人产生情感上的共鸣。

【例 3.39】威力洗衣机电视广告。

主人公是一对母女，女儿为日夜操劳而饱经沧桑的母亲带去了一台威力洗衣机。配合着感人的电视画面，是一位女儿深切的声音：

“妈妈，我又梦见了村边的小溪，梦见了奶奶，梦见了你。

妈妈，我给你捎去一样好东西。”

然后打出广告口号：“威力洗衣机——献给母亲的爱。”

整则广告文案没有写威力洗衣机的性能、特点，而是通过对人间亲情的讴歌，不露痕迹地使消费者记住了产品和品牌，增加了消费者对产品的亲善感，进而促成购买行动。

图 3.1　某会计书广告

在广告文案写作中，感性诉求有两条显而易见的线索，即情感方式的表达和表达情感性质的内容，其内容与广告产品相联系，使产品具有附加值。

1. 情感方式的表达

情感方式的表达，指广告的表达方式是情感化的，即语言是情感化的，但其所表达的内容也许包含着理性的成分，如夸张产品特性的表现方式、产品功用和性能的情感化描写、产品的明星效应等。在这一方式中，内容与形式是紧密相联，不可分割的。

常见的表达情感方式包括：

（1）夸张式。这种文案是对一些平淡无奇的广告内容或商品的特点，运用夸张的手法，使其本质更加突出，特征更加鲜明，甚至把深藏在事物内部的抽象概念形象化地描绘出来，以达惊奇之美。

【例3.40】雷弗特尔厨房用具广告：

我们是您从不作声的仆人，却有着一百双手。

点评：用拟人手法，生动、形象、夸张地说出了厨具的耐用和多功能。

夸张是一种表现艺术。它与通常所说的对事实的歪曲是不同的，它要以现实生活为依据，并受人们对现实生活感受的制约，必须符合人们的心理状态。

【例3.41】某按摩器广告（图3.2）。

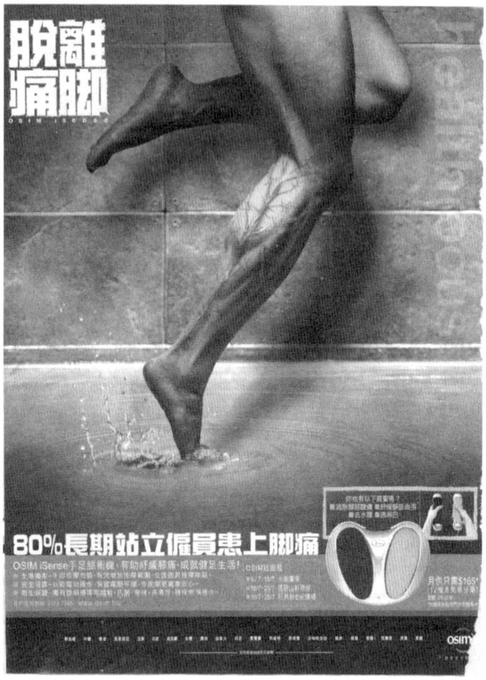

图3.2　某按摩器广告

点评：形象的画面语言传达了脚痛者的痛苦，奔跑的姿势引出了广告目的——该按摩器能让你远离痛脚。此篇广告的色彩对比鲜明，构图精美，给人留下深刻的印象。

（2）描写式。描写式广告用词考究，生动感人，以情动人，渲染一种气氛，富有感染力。

描写式广告大都以生动细腻的描绘和刻画，达到激发消费者情感和购买欲望的目的。

【例3.42】“桃花雾”广告：

秋天似乎都这样
所有姿色瞬间消失在
阵风之中
或待酸雨碱尘慢慢
一片片地剥落
青春不长驻 娇颜不长保
秋天似乎就这样
秋天也许是这样
汲千年古名泉
化神奇桃花雾
补充水分　滋润肌肤
于雨后初晴时
再现春色……

秋天可以是这样

整篇文案就是一首优美的散文诗，把产品的特点“汲千年古名泉，化神奇桃花雾，补充水分，滋润肌肤”，以及消费者使用后所获得的雨后初晴般的感觉，都巧妙地融入广告诗句之中。

(3) 幽默式。这种文案用轻松、令人捧腹的语言，吸引和保持消费者的阅读兴趣，创造出一种轻松诙谐的气氛，用以加深消费者对广告产品的印象和认识。幽默具有两个最基本的特征：一是会心，有所领悟。这是写作者本身的一种能力的体现，是对事物的奥妙、人的睿智、艺术真谛的深刻理解和领略。二是有趣，叫人发笑。但这种笑，不是生理性的单纯快感，不是空虚无聊、低级庸俗的矫揉造作，而是一种有益的、机智的笑，有思想内涵又有艺术魅力。

【例 3.43】《雪铁龙汽车》的广告：

春秋战国时代，孔子率门人周游列国……

一路颠簸，一路修车，花费甚多。当时，若得雪铁龙一部，子必曰：师哉！雪铁龙！超值新价，束手可得，不复奔疲劳苦，不亦可乎！免费维修，了却烦恼，让春风多化雨，不亦乐乎！

(4) 拟人式。这种文案是将企业或商品的特性人格化的一种形式，包括将静态的企业或商品等拟化为动态的人类，不但商品或企业等的形象更加鲜明突出，而且缩短了消费者认知商品的距离。

【例 3.44】“肥城桃”广告：

我叫肥城桃，这次来香港，还是平生第一次。所以也难怪各位看见我就直接“啊呀”了（谁叫我生得那么大得惊人呢?）。在咱们家乡——山东，我可是早与莱阳梨、香蕉苹果齐名了。人们只要一提起山东水果的“三绝”，总不会忘记我的名字的。

我所以不出“国门”一步，并不是因为我架子大，更不是因为我见不得人——丑怪，恰恰相反，我生得一点不丑，不是说大话，可能比莱阳梨好看得多哩。就是比香甜吧，我也不比它们两位差。讲内在呢，在某些方面，我还比它们强得多，什么维生素 A、B、C……我都有，而且很丰富。只有一样，我始终没法跟它们比，那就是我生来身子（皮）单薄，而且越到好吃的时候，皮越加薄，汁更多，谁只要把指儿一挑，我就完蛋——汁就会流个涓滴不剩……

整个文案以饶有趣味的语言，第一人称的语气，赋予“肥城桃”以人格化情感，形象鲜明，个性突出，惹人喜爱。

2. 表达情感性质的内容

表达情感性质的内容，这种方式不是写作阶段的产物，而是创意阶段上的产物。

它所表现的内容与产品或许根本就无关，而是一种意识或观念，然后把这种意识与观念同产品自身联系起来。即在这种表现方式中，文案所传达的是消费者或社会上的某种观念或心理认识，然后把这种意识上的东西附加到产品身上，也就是用产品的一种情感化方式去迎合人们的心理状态。

感性诉求所传达的情感通常包括下列几种：

（1）母爱。这是人类情感中最为诚挚的一种。高尚无私的母爱动人心弦，具有不可抗拒的心理感召力，令人产生共鸣。

【例3.45】一则皮衣广告：

今日降温
小时候
每逢下雪天
母亲总唤儿添衣
长大后
远离家乡
单衫不耐寒风疾
呵！一分母爱，百缕牵挂
一件皮衣，万般情义

这则广告把皮衣与母爱相联系，使平淡无奇的商品，由于人间亲情的介入，而与众不同，使产品具有附加值。

（2）孝心。这是儿女对父母养育之恩的真诚回报。也是人间亲情的一种表现。这类广告文案常常抓住“母亲节”、“父亲节”、“新春佳节”等时机，通过回忆父母之爱，使儿女产生孝敬之心，从而使商品富有人情味。

【例3.46】富邦文教基金：

夜深了，打个电话回家。

（3）爱情。爱情是人类情感的一种最深沉的萌动。其表达方式包括爱情的真挚、坚定、永恒及爱情所赋予人们的幸福和快乐。

【例3.47】“精工表”广告：

时间是爱情永恒的见证
在千万人中
遇见你所遇见的人
在千万年间
时间无涯的荒野里
没有早一步
没有晚一步

恰好赶上了——缘
在 SEIKO 的爱情世界
一分一秒，都是永恒

（4）乡情和爱国情。这是赤子思乡之情，包括对故乡往事的怀念等。爱国情的广告文案多见于企业形象广告。

【例 3.48】太阳神公司的广告文：

太阳神的今天
——一滴水如何掀起大海的波澜？

一滴水终归是一滴水，要让它长盛不衰，力量无比，唯有汇入滔滔大海。震天撼地，波澜壮阔。太阳神深深懂得一滴水的道理。在世界经济浪潮汹涌澎湃的今天，作为中国民族工业一分子的太阳神公司，深深体会到自身的微不足道和民族工业的任重道远。因此，太阳神始终秉持着这样的信念努力着。只有让大大小小的中国企业携起手来，发奋图强，自强不息，以涓涓细流汇聚成中国民族经济的汪洋大海，中国才能真正傲立于世界强国之林。

一滴水也能掀起大海的波澜，只要有千千万万的一滴。

今天，太阳神正努力实践着共同振兴民族工业的理想。太阳神愿与亿万中国人一道创造壮怀激烈的强国之梦，协力升起中华民族最辉煌的太阳。

感人心者，莫先乎情。广告中情感内容的表达上，还有手足情、师生情、友情、自豪感等。通过赋予产品人间情感，可以让受众淡化广告的商业意识，附加给商品情感因素。

第三节　广告文案的语言表述

广告是语言的艺术，一句绝妙的广告用语，不但能使广告宣传获得成功，还能给人带来美的享受，令人难以忘怀。许多广告成功之作，都得益于语言运用之绝妙。语言是广告文案的基本单位，它可以使广告熠熠生辉，也可令广告黯然失色，其重要性是不言而喻的。

由于受时间和篇幅的限制，则要求用最精炼的语言来表现尽可能丰富的信息。广告的这种特殊性对语言的锤炼提出了新的课题，即广告语言必须比其他任何文体的语言更准确、更生动、更集中。换句话说，它要求信息量最大，载体最小，效率更高。

一、广告语言的表述形式

广告语言的表述形式可分为书面语言、口头语言、散文语言和韵文语言。

1. 书面语言

书面语言要合乎语法和逻辑，按照语法规范遣词造句，同时还要顺乎人情，合乎事理。因此，在运用中不能有随意性。这种语言常常在传达观念性的、非生活化的广告信息的文案中使用；有时在使用口语的广告文案中，为了加强语气，也部分地使用书面语言。

【例 3.49】我国台湾 NOKIA 手机广告：NOKIA 相信科技始终来自人性。

书面语言以它的严谨、规范和内在的、严密的逻辑性，使广告文案更具有说服力。因此，在运用书面语言时，应注意以下几点：①要严格按照书面语言的语法规范遣词造句，避免出现病句和生造的词语；②不能使用非规范的简化字或繁体字，要保持现代汉语的纯洁性；③不能盲目地、无节制地运用方言和外来语。

2. 口头语言

口头语言句子短，灵活性强，像平时说话一样，自然流畅，琅琅上口。比起书面语言来，口头语言更能自由地表达思想感情，而且还能拉近与消费者的距离，易产生亲近感。

【例 3.50】“雀巢咖啡”广告语：

雀巢咖啡“味道好极了”。

【例 3.51】“康泰克”广告语：

感冒啦？请服用康泰克。

口头语言由于它本身的色彩不是那么鲜艳，因此在运用时往往需要依赖于一定的语言环境的烘托，才能够在平易中露出真情，从而深深地打动人心。

口头语言在广播广告或广告口号中运用较多。

3. 散文语言和韵文语言

散文语言和韵文语言是世界上一种最美的语言，它讲求节奏、韵律和意境，注重语句的锤炼，富于感染力和艺术美感，在广告文案中恰当地加以使用，可以增加文案的可读性和趣味性。

韵文语言往往出现在广告标题和口号中，散文语言则常常用于广告文案正文中。

【例 3.52】宝力饮料广告：

自古高僧善品水，当今名士点宝力

采用对比手法，突出选择此饮料是明智的，是一种身份或一种流行。

【例 3.53】百服宁药品广告：

日夜百服宁，日夜照顾您！

拟人运用“照顾您”给人很贴心的感觉，同时也带出了药品日夜片的特点，且顺口易记。

【例 3.54】兰薇儿睡衣广告：

月光淡柔，灯影相偎，
夜的绮思悄悄升起……
在这属于你的季节里，
兰薇儿轻飘飘的质感，
高雅精致的刺绣，
更见纤巧慧心，
尤其清丽脱俗的设计，
让你一眼就喜欢！
今夜起，穿上兰薇儿，
让夜的温柔轻拥你甜蜜入梦！

整篇广告诗一般的语境，给人以艺术美感和享受，令人回味。

二、广告语言的表达要求

语言是广告创作者将商品或劳务信息传达给消费者的桥梁。因此，创作人员必须把握广告语言的特点，从而创作出吸引力强、感染力深、鼓动性大和传播面广的广告作品。

1. 广告语言要力求准确

准确是广告语言第一位的要求。准确意味着真实，不准确则会削弱事实的力量，甚至造成失实。广告在描述事实中，语言实在、准确，是赢得消费者信任的前提。如果含混其词或模棱两可，都达不到说服效果。

广告语言的准确除真实传递信息外，还包括用词贴切，尽量避免使用“最先进”和“独一无二”等绝对性词语。

【例 3.55】“狗不理包子”广告：

做包子，一般用的是大发面，“狗不理”包子却是半发面，这样蒸出来的包子，皮薄有咬头，还显得馅儿大。蒸包子火候不当，就会出现掉底、塌帮、跑油等现象。“狗不理”包子经过反复试验，避免了上述缺陷。为了保持包子的造型美观，每个“狗不理”包子掐十七个折或十八个折，疏密适中，看上去就像一朵白菊花。

整个文案朴实无华，客观准确，其效果显然比那种“誉满全球”、“销量第一”的夸大式语言好得多。

2. 广告语言要力求简洁

广告语言力求简洁，这是广告版面或时间的要求。广告的版面、时间有限，而且以金钱计算，这就要求文案创作者尽量使广告主题单一，使用文字简明，要以最少的词汇传递最多的信息，突出每个广告宣传的主题，在消费者心目中留下深刻的印象。

广告语言简洁，其宗旨是语言简练而意思表达得完整深刻，不能为了单纯追求简洁而使广告信息不完整或句子成分残缺，造成文理不通。

3. 广告语言要力求形象

生动形象是广告语言是否具有艺术性的重要标志。那些内容枯燥乏味的广告语言会令人生厌，兴趣索然，即使是好的商品也会因语言缺乏吸引力而失去竞争力；生动形象的语言可以使人产生浓厚的兴趣，激发消费者的联想，给人强烈的鼓动性与感染力，留下美好的回忆。

生动形象的广告语言首先要有新奇感。文字新奇，构思巧妙，令人耳目一新，不但给广告平添奇趣，也容易吸引消费者注意。

【例 3.56】北方吃不够饺子店广告：

虽然貌不惊人，却是满腹珠玑。

以人不可貌相的拟人式，吸引受众亲直去店里光顾看一看、尝一尝，究竟那馅料为何物，有多滋味和多特别。这是真实坦白的写法。

【例 3.57】法国毒药牌香水广告：

一滴为美，两滴是为情人，三滴就足以招致一次风流韵事。

逐滴增加，展示了香水带来无尽的诱惑，不夸张而有条序，吸引人迫切购买。

此外，还可以巧用修辞手法，使商品形象唯妙唯肖，不同凡响。

【例 3.58】奥琪香皂广告：

它造型别具一格，好中冗巧。正面看，恰似一座拱型桥，翻过来看，又似一叶扁舟水上飘。

连用两个比喻，贴切又形象。

第四节　广告文案常用的修辞手法

为了使广告文案更具可读性和吸引力，广告创作人员常常要借助适当的修辞手法。广告文案中常用的修辞方式有以下几种：

一、反 复

为了突出某种意念，强调某种感觉，有意识地重复使用某些词语或句子的修辞方式叫反复。广告文案为了突出信息个性，加深受众印象，经常采用反复这种修辞方式。反复有两种形式：

（1）连续反复，让同一词语或句子紧接着反复运用。

【例 3.59】“施美、施美，使你更美。”

（2）间隔反复，反复的语句以一定的间隔出现。

【例 3.60】“春光明媚处处有芳草，洁齿爽口人人爱芳草。早晨起得早，天天用芳草。”

二、双 关

双关指利用语言、语义的条件，故意使一句话或一个词语有两种不同的含义的修辞方法。在广告中使用双关，可以一箭双雕，产生一种幽默的效果，给人以回味和想象的余地。双关有两种常见形式：

（1）谐音双关，一般是在商标名称的基础上构成的，主要目的是赋予商标更丰富的含义。

【例 3.61】“1090——要灵就灵”；“爱妮德，爱你的”。

（2）语义双关。

【例 3.62】美国时尚泳装广告：

时尚和您一起漫步沙滩。

“时尚”一词一语双关，既是产品名称也是一种新潮活力，漫步沙滩贴合产品背景。

三、比喻

比喻是最常见的修辞方法。在广告中通过比喻，可以使陌生的、抽象的事物通俗化、形象化。

【例 3.63】蓝天爽口液广告；

宛如春之玫瑰使您笑口含芳，犹如醇酒一般令您唇齿留香。

这样的比喻把爽口液带给人的感受形象地表现了出来。

一个典型的比喻由本体、喻体和喻词构成。本体指需要表达的事物，喻体指将本体比喻的对象，喻词指将本体与喻体联系起来的词语，本体和喻体之间应具有某一点相似之处，能引起人们的联想。

【例 3.64】德芙巧克力广告：

牛奶香浓，丝般感受。

“丝般感受”的心理体验，能够把巧克力细腻滑润的感觉用丝绸来形容，意境够高远，想象够丰富，充分利用联觉感受，把语言的力量发挥到极致。

【例 3.65】“像母亲手一样柔软的儿童鞋”。

四、比拟

比拟包括拟人和拟物两种。把物当做人来描写，赋予它人的动作、感情、状态或语言等叫拟人。把商品或牌号拟人化，使消费者油然而生一种亲切感，这是一种感情投资型的常用手法。

【例 3.66】美国“立维氏”面包广告：

纽约正在吃掉它。

带有幽默的拟人借代手法，有一种大众引领潮流的气势。

【例 3.67】碧云洞矿泉水广告：

我来迟了，因为我走了几万年。

拟人手法让人看了感到亲切，“几万年”突出碧云洞的矿泉水的水质纯正优良，给人以品质保证。在矿泉水广告中这种广告语比较少见，很吸引人。

五、夸张

为了强调或突出某一事物特点，而对被宣传事物特点作必要的、合理的夸大表现的修辞方法叫夸张。广告中用夸张手法比较谨慎，夸张过分反而使消费者失去信任感。因此，夸张要夸而有节，切忌浮夸；要给人以想象，赋予人们一种新奇变化的情趣。

【例 3. 68】“一百元买一位广告大师一生的智慧。”

【例 3. 69】“寿星喝了矿泉水，扔下拐杖比健美。”

六、对偶

为追求一种均衡美，广告语言特别喜爱运用对偶句式。对偶指把数字相等、结构相同或相近的两个词句成对地排列在一起，以表达相同、相关或相反的含义的修辞方法。

【例 3. 70】久合冰杯广告：

冰杯助兴，久合送凉。

分词组合，继续运用此产品广告语一向的对偶形式，此次突出冰杯的作用和饮料的特点感觉，清楚阐明“凉”，让消费者冲着可以使自己凉快而去买。

对偶文字整齐对称，语言铿锵有力，声音优美和谐，历来为中国人所喜爱。

七、顶 真

顶真指用前一句的句尾，做下一句开头的一种修辞方法。这种修辞方法突出的特点是语意紧密相连，并且重要的词可以反复出现。

【例 3. 71】“车到山前必有路，有路必有丰田车。”

【例 3. 72】“冰杯用久合，久喝成知己。”（久合冰杯广告）

分词组合，运用顶真巧换字眼，顺口且真诚。

【例 3. 73】“拍谁像谁，谁拍谁谁都得像谁。”（柯尼卡广告）

八、排 比

把结构相关、意义相关、语气节奏一致的词组或句子并列在一起，这种修辞方式叫排比。运用排比便于表达强烈、奔放的感情，突出所描述的对象，增强语言的气势，同时，由于句式整齐，节奏明快，还可以增加语言的韵律美。

【例 3. 74】《博览群书》广告：

浓厚的文化意识；强烈的时代气息；丰富的百科知识，大量的图书信息。

【例 3. 75】和信电讯广告：

这个月不会来，下个月也不会来了，以后都不会来了。

九、对照

把两种相互对立的事物，或同一事物的对立方面并列，形成鲜明对比的修辞方式叫对照。这种修辞方法有助于鲜明地揭示事物之间的矛盾，显示广告商品的特点或优点，有强烈的说服力。

【例3.76】鹤鸣皮鞋广告：

皮张之厚无以复加，利润之薄无以复减。

【例3.77】臭豆腐广告：

臭名远扬，香飘万里。

运用对照这种修辞手法时，必须注意用以对比的事物或同一事物的不同侧面一定要有本质区别；如果只是一般的区别，就不能有效地显示事物的特征，达不到对照的目的。

十、借代

不直说某人或某事物的名称，而是借用与它相关的名称去代替，这种修辞方式叫借代。在广告中使用较多的是借用商标牌号来代替商品本身。

【例3.78】四方胃片广告：

胃病患者“治”在“四方”。

以”志在四方”换同音字突出“治”，巧妙用了品牌名“四方”。

【例3.79】甘泉天然矿泉水广告：

“泉”心“泉”意。

巧用同音字贴切，一来突出品牌，二来突出信念和心理的享受。

广告文案中的修辞手法很多，除上述列举的这些方法外，经常使用的还有设问、再回环等。只要能使广告语言生动形象，新颖别致，任何修辞手法都能在广告中发挥和应用。

练习题：

1. 选读一篇报刊或杂志广告，对其广告的标题、口号进行差异性分析。
2. 尝试改写一篇报刊广告文案。
3. 观看电视广告，分析其文案与报刊广告文案的区别。

第四章　报刊广告创意和设计

在印刷品媒体类的平面广告中，报刊和杂志广告所拥有的受众比例最大。从写作到制作的全过程，报刊和杂志广告创作近乎雷同，因此，本章侧重介绍报纸广告的创作。

第一节　报刊广告的设计程序

报刊广告的设计程序性较强，是一个动态的过程，其各个环节相互衔接。通常的创作流程如下：

（1）首先，通过开展市场调查和分析，进行产品定位和目标消费者定位；策划系列广告活动，对产品推广的不同阶段制定相应的广告策略。

（2）根据企业的广告目标初定广告的表现形式。报刊广告的表现形式主要有图片型、文字型和综合型。

（3）确立主题并进行广告标题的创意，创意和主题是广告作品设计的基础。前面谈到，广告作品的创作不同于一般的艺术作品创作，它不是主创人员的纯艺术灵感发挥，而是广告创意和主题的形象表达。因此，应在分析产品特色和消费者关心点的基础上，开展广告创意活动（通常可采用会商思考法）；只有准确地表现主题，才能创作出优秀的广告作品。

（4）选择了广告媒体，再确定广告的表现手法，即可进入广告方案的设计和制作阶段。根据广告标题撰写广告文案，文案的核心内容要做到重点突出，紧扣主题。同时，广告文案如何运用插图、文字的字体排列、色彩合理选择和布局来制作广告，对广告文案的诉求效果有着直接的影响。只有准确把握广告主题，合理的布局和运用色彩、字体等，才能创作出符合标准要求的广告文案。

（5）创意设计广告作品的初稿并进行初审。根据初审意见进行修改，审定通过后制作出广告作品的样本。

（6）根据广告作品样本进行制版。

报刊广告作品的设计程序如图 4.1 所示。

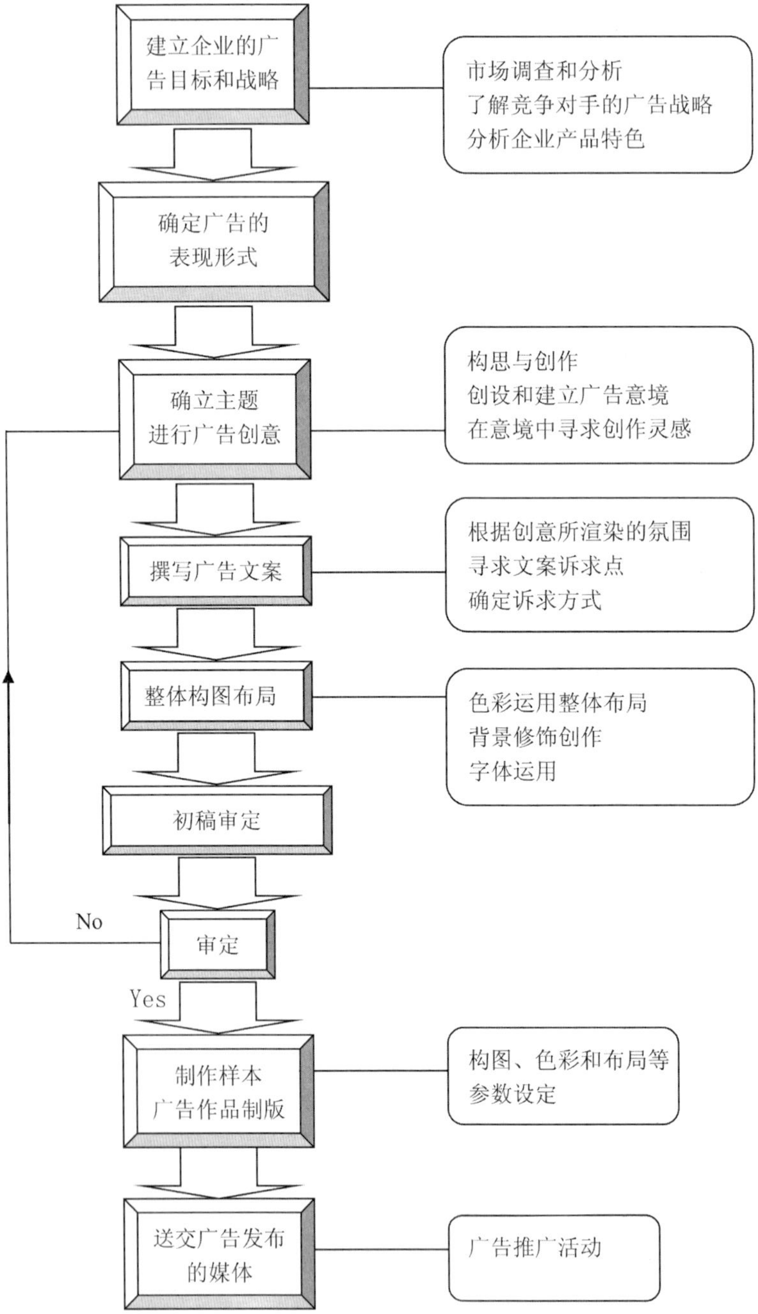

图 4.1　报刊广告设计程序框图

第二节　报刊广告的设计方法

一、广告中插图的运用

广告插图是广告表现的重要形式，是增强广告效果的有效手段。广告的插图主要包括广告中的绘画、照片、卡通漫画和绘图等。在报刊广告中，对广告插图的研讨，不仅是图形设计、绘制、照片拍摄的基本原理与技巧，而且更重要的是要掌握广告插图运用，以及怎样与广告活动的规律相符合。

1. 广告插图的主要特点

广告插图是用画面语言来表现广告创意的，它是纯艺术的绘画和照片制作原理与技巧的综合运用，但广告插图又不同于纯艺术的绘画与照片，广告插图有其自身的特点，主要有：

（1）客观性。报刊广告设计需要设计者具备一定的绘画基础和艺术修养，但报刊广告创作又非同于绘画艺术，它并非随意的个人情感的抒发，而是要依据广告总体战略，运用创意和设计手段来实现广告目标。从购买角度来说，一幅艺术作品对消费者的影响力，远不如一幅介绍商品的图画或照片。消费者看广告的主要目的是通过广告来了解商品的信息和功用，以选择所需要的商品和服务。所以说，广告设计既要适于客户或者产品本身，又要适于消费者；否则，广告插图的设计无论怎样精美，都不过是“镜中之花”、“水中之月”，难以满足消费需求。

（2）实用性。广告插图的实用性就是用来宣传和推销商品或劳务的，要树立企业信誉，在公众即消费者心中建立起良好的商品、劳务、企业的形象。所以，广告插图要表现出鲜明的广告主题，以发挥直接的吸引、震撼作用，达到预期的广告效果。

（3）通俗性。广告插图主要是为消费者提供观看和欣赏，并形象地图解广告所要传播的概念。为了达到这种效果，广告画面的表现既要单纯集中，又要易于理解，以迎合大众的文化和欣赏习惯，不能把含义过于深奥和复杂的主题，或过于抽象的画面用于广告中，这样往往会使读者难以理解和接受，而放弃阅读广告内容。所以广告画面的表现风格必须通俗化、大众化。国外就曾有一些行业广告专家通过“藏文法”，即把广告的正文掩盖起来，让观众只看插图，来检测观众能否读懂广告的真实意图，以测试广告插图是否符合其通俗化的特点。

【例4.1】HAPPY WINSTON 手表广告插图（图4.2）。

点评：与同类的手表广告不同，HAPPYWINSTON 手表的广告插图，只用两只轻微交错的双手来强调手表的装饰性。恰到好处的画面处理传达了品牌的华美高贵定位，使人深深被其吸引。

图4.2　HAPPY WINSTON 手表广告插图

2. **广告插图的主要作用**

广告插图是利用直观的形象艺术来表现广告，也就是以“视觉语言”来表现广告，在报刊广告中的作用主要有：

（1）提升广告的视觉艺术性——瞬间吸引。引起注意是广告表现的重要功能，也是广告成功的基础。广告的效果基本上来自注视的时间效果，有了注视的效果，才能谈到理解。广告插图是广告中最重要的视觉成分。一般地说，读者阅读报纸时，目光扫过广告版面的时间仅仅几十秒，甚至几秒钟，在如此短暂的时间内怎样才能吸引读者？因此，报刊广告一定要有视觉冲击力，一幅与广告内容有联系同时又非常漂亮的画面就能达到这个目的。

【例4.2】杉杉西服的报纸广告：

设计者采用了一幅自然风光的照片：在辽阔无垠的原野上有一间质朴自然的木房子，远处是起伏柔和的山脉。

广告以画面插图先声夺人，再以文案渗透和点化吸引读者的注意，直接而迅速地传递信息。其文案是：“潇潇洒洒，尽显自然风采——杉杉西服。”广告以简练而寓意丰富的意境反映出品牌的创意，准确快速地传播了广告理念。

可见，读者阅读报刊广告时，通常情况下，首先是注意到广告的插图。广告插图及其位置对注目率有着重要的影响，这也是读者注视广告文案的第一步。因此，要捕捉读者的眼睛并引起其注目，达到“瞬间吸引”的效果，就必须充分发挥广告插图的作用了。

（2）提升广告的直观真实性——展示现实。广告插图具有生动的直观形象性，它通过视觉形象来表达和说明事实，传达广告的主题意境。因此，运用广告画面来形象地展示商品、劳务和企业的外观外貌，可以增强广告的真实感和亲切感，在特定的和有创意的环境中，可以启发人们的联想，诱发其购买的欲望和行动。

广告插图的作用，还可用于表达语言文字所不能表达的或难以理解的概念，用以补充语言文字的不足。对于某些商品，如服装的式样、汽车的外型等是很难用文字描述清楚的，然而，通过一张实物照片演示，则可再现实物形象和图解操作的过程，这样就使广告效果更佳。

3. 广告插图的设计要求和方法

(1) 合理的画面的布局——阅读最省力。报刊广告的设计必须讲究画面美、文字语言美和综合布局美，富于创造性的引发联想的广告，会令人乐于欣赏和接受广告传播的内容。因为读者阅读广告，经常是凭借着爱好和兴趣，是出于一种自主的行动。在国外，广告的插图常常是以“阅读最省力的原则”来吸引读者，并激发其产生兴趣。因此，力求在广告设计中表现出趣味性和吸引力是广告创作成功的前提。

【例 4.3】伊势丹公司在《朝日新闻》上刊登了一幅广告。

这幅广告运用一页纸的正反两面，一反以往翻页的习惯，变成上下翻页，因而产生了一种立体广告的效果。在整版广告上首先映入人们眼帘的是一位身着圣诞和服的日本姑娘，旁边醒目的大字写着“北半球的代表服”，在广告的左下角画了一个北半球地球图形并注明：下面的底线代表赤道，请以其为轴向后翻，您即会看到南半球的情形。翻到背面，人们可见身着泳装的同一位少女，手捧鲜花向您微笑，意味着如果您愿意到南半球旅游，就请穿上这件“南半球的代表服”吧。

这则广告一方面突出了伊势丹公司的时装富有新意和时尚的风格，同时也表明了伊势丹公司在世界范围内所具有的影响力。奇妙的广告创意改变了平面广告的呆板的劣势状态，为其带来新的生机与活力。

【例 4.4】KitKat 朱古力广告（图 4.3）。

鲜有地用两个页面来做同一则产品的广告，并且两幅图都用大幅的黑色作为背景，给人以视觉上的冲击，且留下深刻印象。另外，这则广告的文案也有其独特创意之处，第一幅图的“休息片黑”（应用粤语方言读）不仅指背景的全黑色，更与红色字体“KitKat”黑朱古力遥遥相应，延伸出广告语“Have a break, have a KitKat”。

目前，多数报纸广告中照片、插图运用逐渐增加，并采用不同的字体进行编排。以往广告的一通栏或半通栏这种“一般化”的广告设计，缺少变化的单调乏味的状况已有所改观；但仍有众多的缺乏创意和整体设计、难以产生吸引力的广告充斥于报刊的版面中。因此，提高报刊广告的整体设计创作水平，是我国广告业发展的必然要求。

图 4.3　KitKat 朱古力广告

（2）广告的文图互补——相得益彰。报刊广告文案与广告的画面都是用以表现广告的同一主题，两者有着密切的联系性。从某种意义上说，广告创意主要通过图形语言和文字语言来表达。图形也是一种广告语言，需要读者从抽象或具体的图案中去体会个中意味；广告语言是广告的台词，需要有强烈的吸引力。这样，报刊广告的图形与文字的设计既要在内容方面富于创意，还要在表达形式方面富于美感，避免设计中的图文脱节现象。某些广告，其插图占据了整个版面，广告文则被安置在一个不起眼的角落，使人看不清楚广告文表达的是什么内容。

针对这种文图结合不合理的状况，应考虑对广告图与广告文的布局进行适当的调整。广告图文的布局应处理好画面与版面、图形或图片与文字的关系。一般来说，广告图形或图片应该占有大于整个版面一半的篇幅。在处理图形与文字的关系时，大标题位于最醒目的位置——即放在插图之上，这是因为有标题的广告图形比没有标题的广告图形，能够引起更多读者的注目。

【例 4.5】某矿泉水广告。

画面中间是一个正在往外倒饮料的瓶子，瓶口的上方是广告标题“矿泉饮料，健康之友”，倒出来的饮料正好流向广告下方的商标和厂名所在位置，十分巧妙自然地把上、下两部分联系在一起。

这种流线形的巧妙布局使图文相互补充说明，读者见图知文，见文知图，达到一目了然、相得益彰之奇特效果。

图 4.4　确肤宁广告

【例 4.6】确肤宁广告（图 4.4）。

这则广告表现最为出色的地方要算是广告的文案了。其广告巧妙地运用“癣”字和“鲜”字的小小区别，去掉病后就可以和脚癣告别，生活因此新鲜和美好起来，其创意真是别具匠心。

（3）适合传播媒体的特性要求。广告插图的设计应充分考虑媒体的特性。对于报刊广告来说，读者通常是在静止中观看广告信息，会有较多的时间欣赏和阅读，所以广告的插图可以复杂些，文字部分也可以适当增多。既可以有整体图，也可以兼有剖面图或叠加层。

在报纸和杂志媒体上，插图设计有黑白图形、色彩图形、摄影照片等表现手法。目前，我国报刊广告在视觉表达和设计方面，常常会使用色彩广告为基本表现手段，以往的黑白广告插图逐渐被取代。

显然，在通常情况下，一幅优秀的色彩广告插图要比黑白广告插图有更好的效果。

图 4.5

【例 4.7】Van Cleef & Arpels（梵克雅宝）香港全新概念店广告（图 4.5、彩图 5）。

秉承 Van Cleef & Arpels 创办人的精神，一系列分布于世界各地的“全新概念店”延续了这个来自法国的顶级珠宝品牌一直以来为名媛女士们订做高级珠宝的专业与热诚。

广告插图中想表现出 Van Cleef & Arpels 无限生命力的律动，表达了有如春天般的绿意盎然，将不对称艺术表现到极致，给人以视觉享受。

Van Cleef & Arpels 将传统的经典融入于最新的广告设计中，利用对比及透明质感相互辉映、简明的颜色搭配效果将“全新概念店”完美呈现给读者，令人感受到如在家中的那种令人极度眷恋的舒适感觉，喝一杯上好的咖啡，聊聊天，在令人心旷神怡的空间，享受生活最美好的片刻。

读者如有兴趣可对比一下黑白图与彩色图来感受一下效果。

以上对广告插图在报刊广告文案中的运用进行了探讨性研究。插图可以说是视觉语言，在塑造商品的形象的过程中，担负着商品推广和促进购买的双重角色。所以，插图是广告文案中极为重要的组成部分，从某种意义上来看，善于运用广告插图，广告将具有事半功倍的效果。

二、报刊广告的文字设计

报刊广告设计中，文字字体的设计是实现广告创意的重要环节。有了好的创意和广告文案，而在字体设计上不能适当地体现广告创意所需要表达的品位，也会削弱广告效果。

字体的设计是由各种字体以组织形式出现的具有内在联系的编排。从广义的角度来看，任何一种形式的字体，都具有图形的性质。现代广告的设计，改变以往单纯地将优美的风景作为画面的设计方法，开始研究文字本身独特的价值，并出现一些以文字为主体图形的广告。这些字体图形广告在大众传播媒介如报纸、杂志甚至电视中被广泛用于广告设计中，在其他的印刷媒介上使用的频率也是极高的。

文字的结构无论是汉文字、英文字母、阿拉伯数字等都具有很强的形式美感。在字体构成的画面中，文字之间以一定组织反复交替而构成节奏。它反映字体间的大小、轻重、刚柔、明暗、凹凸、疏密、强弱等诸方面的对照关系，字体的节奏一旦表现出流畅、匀称、间歇式停顿，就会使版面产生了韵律美感。

根据设计表达形式的艺术美和人们普遍的审美感受，字体编排组合的表现形式设计主要有：

（1）位置居于中心或齐左齐右。居中——字体排列居于画面正中均匀对称。由于文字二边长短对称，空白均等，给人一种严肃、庄重的感觉。绝对的对称往往显得过分庄重，运用时可采用近似对称中包含不对称因素的方式，可以使构图具有灵活多样性特点。齐左齐右——文字在排列时，将每行的左边或右边排齐；其他则参差不齐，具有活泼多变的效果。根据人的视觉感从左到右的运动习惯，通常会使人们对左半部感觉轻松、流动和自由；对右半部感觉紧密、沉重和固定。

（2）文字的重复表现。相同的文字依照一定结构反复出现产生较强的节奏感，它既能强化读者的记忆，又富于修饰性展现。

（3）文字的渐变和突变效果。渐变是指文字在组合中所产生逐渐的、循序渐进的有规律的变化。其主要可以分为色彩渐变和结构渐变两种情形，其中的色彩渐变是指冷暖色和明度之间的过渡变化状态，结构渐变是指文字排列的大小和位置等发生的变化状态。突变是指违反总体规律的局部变化状态，在一定顺序的组合字体中，由于单个或一组字体的形状、色彩、位置等发生变化，打破了原有的平衡状态，产生突变的部分与整体仍保持着一定联系，这种效果会具有很强的视觉冲击力。

（4）重叠或透叠。重叠是指文字在组合时，其一部分被另一部分所掩盖的状态。当文字相互重叠时，它们之间的某一部分将消失，而产生了一种新的关系状态。文字的透叠则保持了双方的基本特征，所以，与重叠相比，它会表现得轻松而柔美。

（5）时聚或时散。在文字组合的某一处，呈现出密集的和向心的状态；其余部分则呈疏散的离心状态。文字在这种聚散结构中的数量和形状上的不一致，使画面充满了动感和对比的强化效果。

（6）文字的交错结构。交错结构是指文字之间相互分割的排列形式，使画面具有多变的均衡效果。

上述几条规则是字体构成中最基本的形式，在广告字体设计时可运用综合表现方法，则会产生丰富的视觉表现力和感染力。

三、报刊广告的视觉流程

受众在阅读和感知广告的过程时，其视线的流向是有一定顺序的，视线的这种特性通常可称为视觉流程，其直接关系到广告的设计构思能否准确有效地表达。

当我们注目一幅报刊广告作品时，首先是表现为快速浏览整个版面，先形成一个总体的印象，这个过程在瞬间完成。紧接着视线会被版面中最引人的某一处所吸引。然后，视线会随着版面中各个因素的强弱程度而移动。

报刊广告在传递信息时必须具备主题、副题、正文、广告口号、随文等，它的视觉流程就是将广告这些构成要素在广告版面上进行合理定位，使读者按广告设计的意图，顺序地读完全篇广告。

【例4.8】纽约证券交易所+HP（图4.6）。

纽约证券交易所是全球最大的金融交易中心之一，图中的人都在忙碌的交谈和听电话，但我们知道即便是最突发的事情，在HP的帮助下也能从容应对。

图4.6　纽约证券交易所+HP

广告设计注意视觉流程，把HP品牌和广告口号均放在左上的显著位置，然后是纽约证券

交易所 + HP。广告插图的局部变化足以吸引受众视线。

【例 4.9】“凤凰营养护肤系列化妆品”广告（曾荣获全国第三届广告作品展一等奖）。

其广告通过“手指”表示“一、二、三、四”的体语形状，巧妙地把广告文案内容——“只需一种就行”、“每季二瓶最适宜”、“凤凰有三大系列”、“凤凰四季都适用”结合起来，使读者关注，诱发其阅读的兴趣，通过广告正文的理性诉求达到说服的目的。

在四幅报纸广告诉求之后，接着又采用一个整版广告：双手合抱成答谢的体语与文字“多谢啦”，并传达了该产品荣获国家奖的信息。

这五幅广告构成系列，风格统一，相映成辉。其广告创意独特，并且在编排上注意了视觉流程规划，布局错落有致，恰当留出空白，使广告主题信息在视觉上得以强化和延伸。

在报刊广告的设计中，影响视觉流程的因素主要有：

1. 视觉中心的选择

一则报刊广告版面上，不同的位置有不同的视觉效果。广告的主要部分应放在一般广告中注意值最大的位置，使主要部分首先映入读者眼帘，其他部分则按其轻重程度安排在注意值依次递减的位置上。这就涉及视觉中心的选择。视觉中心是版面中对比最强烈的地方，视觉中心也是各构成元素组织在一个特定的对比状态中的冲突点，因而最受注意。

（1）中心部分和完整的图形可形成视觉中心。

【例 4.10】玩具制作商 Toys US + HP（图 4.7）。

可爱的小鹿和五颜六色的 + 号相映成趣，一看就知道是玩具广告，旁边飞驰而过的地铁也提出了诉求点——用 HP 的技术可以保证 Toys Us 的玩具准时到达消费者手中。

（2）在统一的图形中出现的局部变化部分可形成视觉中心。

【例 4.11】再生资源商 recycling + HP（图 4.8）。

就像广告语所说的，yesterday's computer，tomorrow's tricycles，我们可以看到，图中的电脑渐变成自行车，其中诉求的也是在再生资源商和 HP 的合作下就会达到这种效果。

图形中局部变化部分：红色的 + 和 HP 品牌形成视觉中心。

图 4.7　Toys US ＋HP

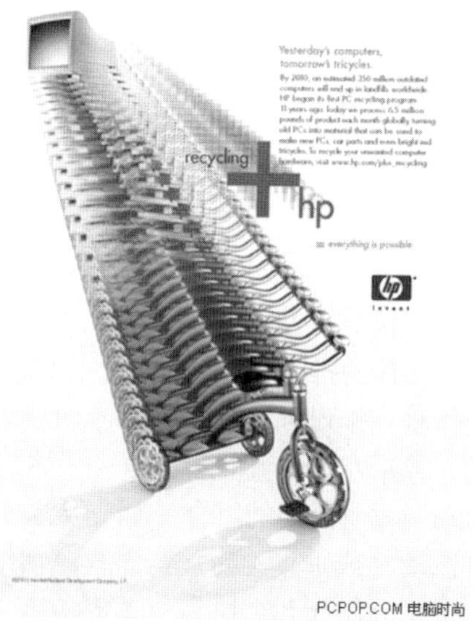

图 4.8　recycling＋HP

在报刊广告中，要引起读者关注的广告标题和插图，以及需要突出的产品的名称或标志，均须放在注目率最高的位置——视觉中心。

目前，由于我国的文字通用的顺序是从左到右，由上到下，这就形成了一种比较固定的认知模式。例如，在一个限定的范围内，人们的视线运动习惯于先左后右，先上后下，于是版面的左上部就成为了视觉的最佳视域，广告设计人员也因此将广告的主要信息放在这个位置上。像标题的开头如果是商标名称，该标题往往从左到右横排于广告上方，或从上到下竖排于广告的左上方，使商标名称正好处于广告左上角这个引人注目的位置。

【例 4.12】“南都周刊”的广告。

标题：“南都周刊”中国新型周末读本。

该标题横排于广告的正上方，“南都周刊”正好位于左上角。

报刊、杂志广告等的注目率通常会是上方高于下方，左边高于右边，中部高于两端，左上方高于右上方，右下方高于左下方。因此，很多广告标题放在正上方或左上方，把商标放在左边、左上角或右上角，把附文放在下方或右下方。

由于构图的力场的存在，视觉中心各部分的排列，也会因位置的不同而产生不同的心理效应。中心选择在版面的上部，将会具有一种轻松而自由的感觉；选择在版面的下部，会产生一种压抑但稳重的感觉；选择紧靠在版面边缘时，则会产生一种向外扩张和延伸的感觉。

报刊广告的文案由标题、口号、正文、商标等组成，其各个部分在广告版面中的位置可以灵活多变，但它们都必须服从广告版面编排的一个基本原则，即各个部分在广告中位置的醒目程度，应与其广告内容的主次性相一致。

2. 文字的排列方向

文字字体排列的方向会诱导受众的视线，也影响着视觉流程，引导读者按照设计顺序，接受广告所传达的信息。

字体的排列方式是丰富多样的，主要为：字体水平排列时，视线左右方向移动；字体垂直排列时，视线上下方向移动；字体斜向排列时，视线则从左上角流向右下角，或从左下角流向右上角；字体折线排列时，视线是上述三种流动的组合，如水平流动与垂直流动的组合（如先从左到右再从上到下，或先从上到下再从左到右）、水平流动（或垂直流动）与斜线流动结合（如先从上到下再从左下角到右上角）；字体交叉排列时（几个语句交叉成十字或其他角度）时，视线则对称地以某一注目部分为中心，向左右两侧或四个角移动。

3. 构图的空白运用

构图即布局，为达到最佳的视觉效果，将广告的各个部分加以巧妙的总体排列。在平面广告中，空白的作用十分重要，它可使广告主题突出，并可启发联想。从美学角度来看，空白与文、图实体有着同等重要的意义，它好比音乐中的休止符，甚至可以说广告如果没有空白，文与图也将会失去光泽。因此，以报纸等作为媒体的平面广告要特别注意留有空白。不仅要注意构图的空白的形状和大小、方向和运动的比例关系，而且版面四周应留有一定的空白，应给人以透气之感，这将有助于吸引受众，集中受众的目光。

目前，很多广告主尚未意识到运用空白的好处。甚至有些广告主认为留出空白是在浪费自己的广告经费，而一定要将整个平面填塞得满满当当不可。其实这样做非但不会提高广告的注目程度，反而会因为内容过多而使广告效果减弱，而留有适当的空白却大大提高了广告的视觉效果。

【例 4.13】GRONER 茶系列广告（图 4.9）。

点评：GRONER 茶系列广告由“来自中国”、“来自印度”和“来自南非”三篇组成。简洁清楚的画面用不同的茶杯造型，画面布局注意了空白的运用，简洁明了地区分开三个国家，同时产品的形象也给人留下深刻的印象。

图 4.9 GRONER 茶系列广告

第三节 报刊广告文案的表意手法

一、创设悬念式

悬念式广告文案多数是用于前导广告，以设置一种悬念性的趣味，引导其后面的广告活动。

悬念式广告策略适合于向公众推销新产品和输入新观念时使用，也是众多的广告主所钟爱的一种广告形式。

【例 4.14】广州啤酒的新产品 Guang's 正式上市之前，在《羊城晚报》上刊登了一幅广告，全文如下：

饮？啤酒好

当今世界一致推崇丹麦、联邦德国的啤酒。

真正的啤酒，以其酒质晶莹通透、泡沫幼白、清润顺喉著称。9 月 28 日广州将出现这种好的啤酒。

当您久逢知己或与亲朋相聚，想要一种口味醇和、品质高雅的啤酒，当您逢人生大事、喜庆宴席，一定想要一种能显示身份、又价格适中、众人喜欢的啤酒。

如果您有这些愿望，请留意 9 月 28 日广告。

广州啤酒厂

到了9月28日，该报以更大的篇幅登出另一幅广告，标题如下：

您的愿望今天实现（引题）

Guang's隆重推出（正题）

至此，后一广告巧妙地回答了前一广告中提出的问题，解除了关注广州啤酒的观众和爱好者的悬念。

二、营造亲情氛围式

亲情式广告是为了强化广告的效果，而营造的一种亲切而又体贴氛围的广告形式。它是以亲情、爱情等为广告的诉求点，用富有浓厚情感的话语，温情脉脉地动人心魄，是一种充满深情意味的广告。

【例4.15】广州油脂化学工业公司的一则企业广告（曾荣获《广州日报》优秀广告作品奖）：

给我至爱的妈妈！

“妈妈”这神圣的称呼在我们每日的口中变得平凡，而我们又总是忙忙碌碌中来不及向妈妈好好表达深切的敬意！

母亲节之际，让我们献上一支康乃馨，祝敬爱的母亲——健康快乐！

“妈妈，我爱您！”

——浪奇——

无论春夏秋冬，广州油脂化学工业公司与每一位母亲呼吸与共，三十多年来，尽管我们的生活已发生许多变化，但无论是过去的油脂肥皂，还是其后的洗衣粉，乃至今日推出的优质超浓缩洗衣粉，广州油脂化学工业公司一直诚挚地为每一个家庭，每一位母亲生产优质洗涤用品，谋求共同开创生活无限美……

高富力“超净连环表心意”

广州油脂化学工业公司

其广告是在母爱亲情上发掘诉求点，把产品与对母亲的浓厚感情相联系，渗透于其中，交织进浓郁的人伦之情，表达出该公司和产品的发展是为每位母亲提供真诚服务的心愿，广告所营造的氛围充满深情的语言足以撼动人心。

三、语意深化式

这种形式常常是运用夸大的语气来强化广告效果。如大卫·奥格威曾指出的——“革命性的……”、“大改良……”、“大狂廉……”、“世界第一”、“最好的……”，这些看起来是有些陈词滥调的句式，却常常有着奇特的效果。

【例 4.16】海尔集团的一则广告：

Haier 海尔

中国家电第一名牌

多——种类最多

· 冰箱：直冷、风冷、无霜换代、超级节能无氟、模糊智能等。

· 冷柜：卧式、立式、商用展示柜、冷库等。

· 空调：窗式、分体式、柜式、吸顶式等。

· 微波炉：电脑式、旋纽式、烘烤式等。

· 小家电：热水器、电磁灶、制冰机、暖风炉等。

全——规格最全

· 六大类产品

· 65 个系列

· 2000 多个品种

佳——信誉最佳

· 家电行业唯一全国十大驰名商标。

· 家电行业唯一主导产品全通过 ISO9001 国际认证。

· 通过 UL、CSA、VDE、GS、SAA、SAS 等国际权威认证。

· 连续八年被评为最受消费者欢迎的产品第一名。

· 最畅销产品“金桥奖”三连冠。

· 消费者心目中理想品牌第一名，购物首选品牌第一名。

新——技术最新

· 超级节能无氟冰箱。

· MSV 无霜换代冰箱。

· 模糊电脑控制冰箱。

· “三合一”全自动滚筒洗衣机。

· “变频智能”空调。

· “超级耦合”空调。

· ESO 冷柜

真诚到永远

这则广告运用了“中国家电第一名牌、最多、最全、最佳、最新、最畅销”等字词，来加大传播力度，用这种夸大的语气来显示出海尔集团的实力雄厚，展示产品的质量和先进的技术，营造出强烈的气氛，产生震撼效应。

四、创新字图式

这是运用改变字体图形的手法，来吸引目标读者注意力的文案形式。这种形式在文字方面，不甘墨守成规，是创新一种新的文字图，以造成良好的广告效果。

【例 4.17】有一家大建筑公司在城郊建了一批新型豪华的现代化别墅，如何进行宣传呢？“现代与豪华”之类的多次重复过的广告词的吸引力已经不大了，远离繁华的商业中心也是值得购买者踌躇的问题，唯有在郊区，这山清水秀、清爽野趣中打主意。于是不久，便有一幅创意独特的广告出现在报刊上，广告的标题是标新立异的汉字：

文字图的含义让人一目了然，即“开门见山”，充分表达了这批别墅开门见山的独特风格。广告采用新造文字图的创意，产生轰动效应。

五、调换字序式

调换字序是在文字的排列上做文章，将文字倒过来或斜上、斜下等排列。典型的作品是美国著名广告人伯恩巴克（William Bernbach）的一幅名作，作者故意将标题倒写，并注明要“倒念一下”，其广告文案如下：

如果你超过三十五岁……你需要

西东的售廉（倒念一下）

你是否感到枯燥而了无生趣？你是否经过人群甚至连一个口哨都没听到？你是否失落了焕发的容光和轻盈的步伐？不要烦恼！你的年纪实在不应如此，你所需要的就是从奥尔巴克百货公司那里得到西东的售廉。

奥尔巴克百货公司所廉售的最新式的服装“正是医生所定制”给你萎靡的精神以生命。它真是一个完美无瑕的处方，其中混合了最新流行的式样和可惊的低廉价格。你越早去买，你就越能快一点感觉舒服。

如果你正好三十五岁……就生日快乐！

奥尔巴克百货公司纽约·纽渥克。洛杉矶

做千百万的生意赚几分钱的利润

纽约：第十四街联合广场对面。纽渥克：海尔赛市场

这种类型的广告要求文案创作者能随意差遣文字，是做游戏文字的高手，这样往

往能创作出意想不到的好广告。

六、时事报道式

这是用新闻报导的手法来写广告文案，使阅读者感到一种新的商品来临了。

【例 4.18】一报纸广告文案：

环球牌石膏板

隔间新贡献　抗火立大功

燃烧两小时，抗热温差 986℃

当您的邻居遭受祝融的肆虐，甚至一切家产化为灰烬的时候，您却安然无恙！

这，不是奇迹，也不是梦想，只要您在装潢时选择正确的隔间建材及天花板——环球牌石膏板。

环球牌石膏板，符合美国材料试验协会（ASTM）及日本 JIS 所颁布的规范，具备良好的防火效果。根据美国 UL 测试结果，在摄氏 1040 度高温火焰燃烧两小时的状况下，6 英寸厚的石膏板，另一面竟然只有 54 度。抗热温度高达 986 度，这就是您家产与生命安全的最佳保障！除了绝佳的防火特性之外，隔音、防震的效果亦是一流。因此，不论是办公或住家，不论是隔间工程、天花板工程或梁柱防火工程，选用环球牌石膏板，它能让您高枕无忧！

环球水泥股份有限公司

在报刊上登载时事报道式的文案是十分常见的形式，与这一广告媒体的特点非常吻合。

七、对比式

这是举出各种特点事实与同类竞争品牌相比较。例如，国际牌 VHS 录像机推出时，就以“独创 4 小时录放影”及“别人之 1 小时，我们 4 小时”的标题进行传播。

对比广告是于 1972 年由美国希克氏公司首创的一种富有挑战性的广告类型。对比广告可以公开指明竞争对手或产品，而今，比较性的点名广告在国外的报纸、杂志和电视中是很常见的。

比较广告的优点是竞争性强，容易吸引人，缺点是可能引起竞争对手的报复，一般要在证据明显而充分的情况下才可使用。因此，制作比较广告应特别谨慎，它必须以我国新颁布的《广告法》为基本准绳，在不诋毁、贬低他人商业信誉、商品或服务声誉，谨防不正当竞争手段的前提下，从商品本身的特点和个性出发，在尊重客观事实的基础上进行创作。

【例 4.19】床垫广告（图 4.10）。

经典的对比广告：一张好的床垫能让你“Sleep well. Stay young”，点出利益点。同时也用了比较的手法让产品的优点呼之欲出。

图 4.10　床垫广告

第四节　应用篇：HP 品牌系列广告赏析

以下广告是惠普公司以“客户 + HP”为核心内容的系列广告（图 4.11 至图 4.30）。随着惠普打印在未来的发展的核心由“以产品线划分，向以客户为中心的划分”的重大演变。尤其在中国市场上，HP 正在“淡化”多年不变的“商用”形象。HP + 绿巨人史瑞克、HP + F1……各式各样通俗简洁，深入普通行业和生活的广告形象出现在报纸、电视和街头上。

柔美的线条，变幻的色彩，凸显出 Bang & Olufsen 给人的冲击力，同时散发出的 + 号又与 HP 这个品牌巧妙地联结起来（图 4.11、彩图 7），传达出正是因为 HP 的有力支持，Bang & Olufsen 才能持续地制造出品质如一的产品这一重要信息。

和谐的色调，夸张的构图，让人赏心悦目（图 4.13、彩图 11），又是一幅优秀的作品。

小小的 + 号化身为玉米，处在黄金分割点的农民正在辛勤工作，在人们面前展现出一幅丰收的景象（图 4.14），但这一切正归功于左下角的 HP，不得不让人惊叹其创意。

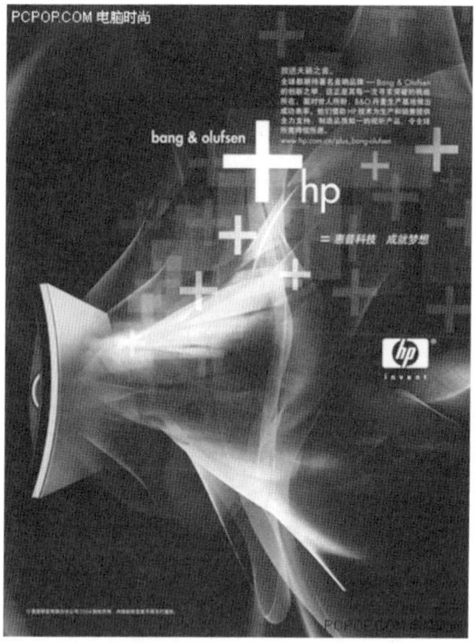

图4.11　著名音响品牌 Bang & Olufsen + HP

图4.12　aureole 公司 + HP

图4.13　ftd.com礼品商店+HP

图4.15　Gruma+HP

具有科技感的构图，仔细一看却发现是由一座座摩天大厦组成的，带出主题——everything is possible（图 4.16）。

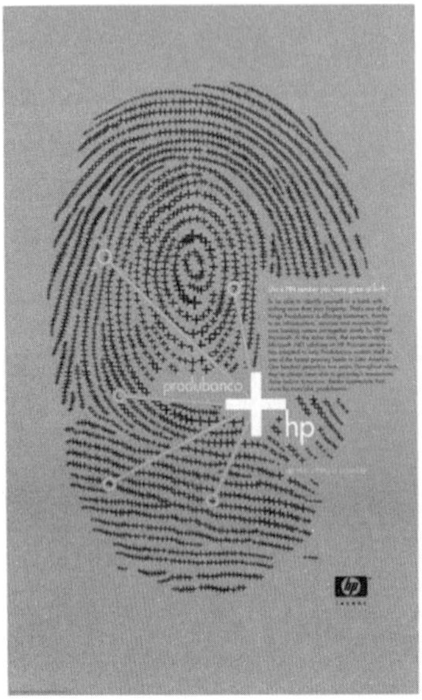

图 4.15　produbanco + HP
（一个个 + 号组成手指指纹）

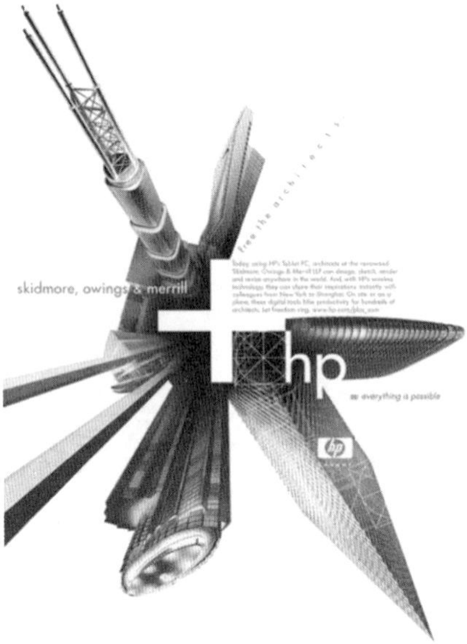

图 4.16　Skidmore，Owings & Merrill 公司 + HP

图 4.17 中只有一辆宝马赛车，简洁明了，同时所传达的信息也非常清晰——作为 BMW 的主要赞助商，HP 为其提供的超级计算机被用于赛车设计和数项模拟比赛，使得 BMW 一直在世界上处于领先地位。从而引出主题，HP 出色的关键任务计算能力，充分满足了飞速发展企业的需求。

在外太空中，三个星球加一部飞船绘出米奇的轮廓，耐人寻味，飞船的轨迹是由 + 号衍生出来的（图 4.18），使得两个品牌紧密地联系在一起。

图 4.17　宝马威廉姆斯 F1 车队 + HP

图 4.18　迪斯尼 + HP

芬兰鸟类研究所一直与 HP 有着紧密的合作。这幅广告（图 4.19）不但构图和谐，通过芬兰鸟类研究所这一机构更突出了惠普的广告语——惠普科技，成就梦想。

几束发射线的颜色正好与 FEDEX 这个品牌形象吻合（图 4.20），自然也让人联想到 HP 的魅力。

图4.19 芬兰鸟类研究所+HP

图4.20 联邦快递+HP

由于年月的侵蚀，梵·高画中的黄色也失去了光彩，但有了 HP 图像色彩修复，使得画面的魅力得以重现（4.21）。该广告画面和谐，诉求到位，受众轻而易举地接收到了相应的信息。

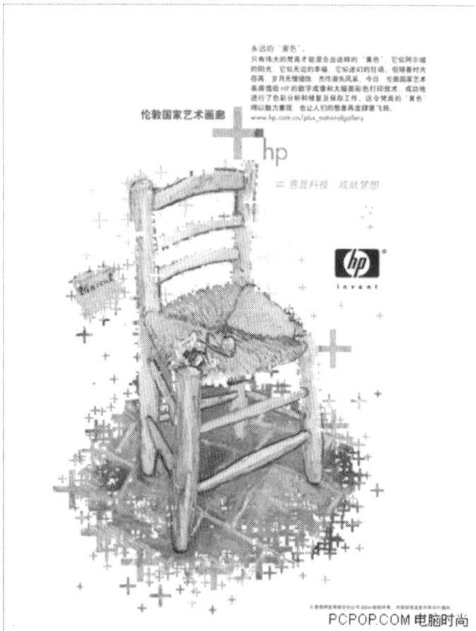

图 4.21　伦敦国家艺术画廊 + HP

图 4.22　梦工厂 + HP（1）

图 4.23　梦工厂 + HP（2）

图 4.24　全日空航空公司 + HP

上面两则广告（图 4.22，图 4.23、彩图 10）都是以梦工厂（dreamwork）这个品牌作为诉求点的，绿巨人史瑞克的卡通形象深入人心，通过卡通人物来作为代言人，给消费者留下深刻的印象。有了 HP，能让梦工厂的形象更大，更鲜艳。

看到了吗，跑道上的照明灯竟也是小小的 + 号（图 4.24、彩图 6），全图没有刻意地点出 HP 的品牌符号，但巧妙的位置摆放，却让人不能不注意到。

宽阔的视野，让消费者领略到悉尼歌剧院的宏大气势（图 4.25），并以此作为支持点，向人诉说 a sound engineer in every seat 这个利益点。

图 4.25　悉尼歌剧院 + HP

图4.26　星巴克+HP（1）

图4.27　星巴克+HP（2）

以上两则（图 4. 26、图 4. 27）都是星巴克 + HP 的广告，相信不用多说，大家也能明白其中的含义。

图 4. 28　亚马逊书店 + HP

图 4. 29　著名乐器制造商芬特 + HP

全自动化的传输带，一个个有序的货架，给我们展示出一个永不关门的商店图（4.28），在背后的默默支持者正是HP。

又是一幅精致的构图（图4.30），颜色和谐，碧水蓝天，快乐的度假者，而那+好神奇地出现在头上，让人联想浮篇，仿佛身处此地。

这一系列的HP广告的创意妙的确实是让人拍掌，所选择的合作客户都具有很高的知名度，表面看是宣传所合作的客户，实际以此来提高消费者对HP的认同，也进一步加强了与客户的亲密联系，成功地传达了HP是以客户需求为中心的这一重要信息。在构图方面，每则广告都有其独特之处，从色调、画面处理、创新等方面都给人以感官上的刺激，留下深刻的印象。

图4.30　著名旅程服务商travelocity + HP

练习题：

1. 选择一家企业对其进行市场调研，并运用理性诉求和情感诉求方式撰写报刊广告文案。

2. 对某企业已发布的系列报刊广告的标题、口号进行比较分析，找出差异性，并尝试自行创作。

第五章　电视广告创意和制作

电视广告在电子广告中的地位举足轻重，也是最具特色的。电子广告主要包括以广播、电视、电影等为载体的广告。不同类型的电子广告其制作方法各异，无论是作品的设计思路、操作方法，还是使用的制作设备，都存在一定的区别。电视广告以其图文并茂、视听兼备的特点，在众多的传播媒体中脱颖而出，独领风骚，成为电子广告的主体。所以，在这一章里，我们主要阐述电视广告创作方面的有关知识内容。

第一节　电视广告创意的特点

电视广告（commercial message）以企划为重点。一部短而精的令人神往的电视广告片，其真正的核心内容是其所具有的独特的“创意”，那些令人眼花缭乱的多彩多姿的声、色、光，则是这个奇妙“创意”的美丽包装。

在制作电视广告片的整个过程中，对于编导来说，最重要的是如何体现和发展创意。由此可见，电视广告战是以创意决定胜负的。

电视广告的魅力来自创意，没有创意的电视广告也就失去了生命力。因此，充分利用电视声像并茂的特点进行创意是至关重要的。通常可选用最感人的画面和情节、最精炼动人的语言和故事来描绘企业或商品的形象和特性。

电视广告创意的主要特点是：文字与画面语言的简洁性，企业产品的定位性和目标消费的定位性。

一、文字与画面语言的简洁性

由于画面的特点，决定了电视广告文字和画面语言所表现出的简洁性，即排斥与企业或商品无关联的东西，也排斥与主题无关联的东西，同时也排斥毫无意义的重复，以及违反逻辑与芜杂的东西。在电视广告创作中，与主题无关的因素切记不要入画，跟主题有关的因素也要尽量精练和简洁。电视广告表现中的简洁性，追求的正是一种文字和画面语言互为补充的更为深邃的“简单”。正如先哲所言：“真理是完全裸露的东西。其表达越简浅，其影响便越深沉。”（叔本华语）

【例 5.1】公益广告“公共场合不宜高声打电话”。（新闻学专业学生设计）

创意诉求点：①保护个人隐私；②方便别人，也方便自己；③维护个人形象，提升个人素质。

市场调查资料：据一项最新的舆论调查表明，六成的手机用户表示在公共场合使用手机可能成为一个“最讨人厌”的行为；四成的用户表示，应该立法禁止在如博物馆、电影院和饭店等公开场所在电话上聊天。在公共场所，有人持续喋喋不休地打电话，会非常影响人的情绪。

可能的心理动机分析：①习惯性地大声讲电话，没有意识到正在透露个人隐私；②想有所表现，引起注意；③趋同心理作祟，看到其他人大声使用手机，受其影响，有样学样。

传播策略：直击用家利益点，运用暗示，影响潜意识。

第一个广告创意（图 5.1）：一只手在屏幕上用笔“刷刷”画出坐标，竖坐标“说话音量”，横坐标“素质指数”。线条一、二同时出现在坐标轴上，同步变化。

线条一：音量越来越低，音量用手机及音乐符号表示，同时配越来越低的讲电话的声音。

线条二：随着打手机声音的下降在缓慢向上爬行。线条的起始处是一个小小的面目模糊的男人，随着爬行形象在逐渐高大，在终点处变成了衣冠楚楚的帅哥。

广告语：要形象，请控制通话音量!!

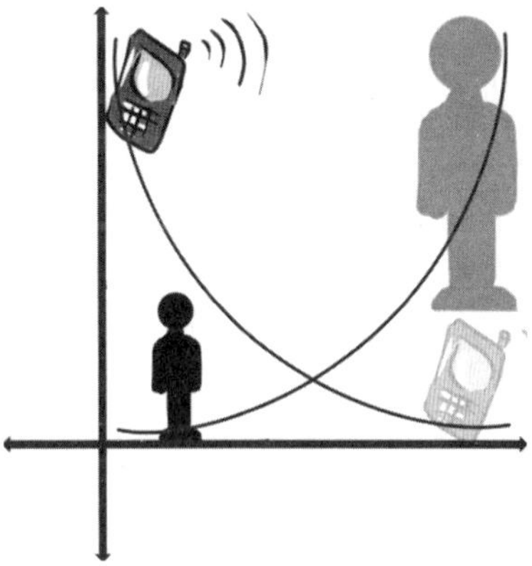

图 5.1　广告创意之坐标版

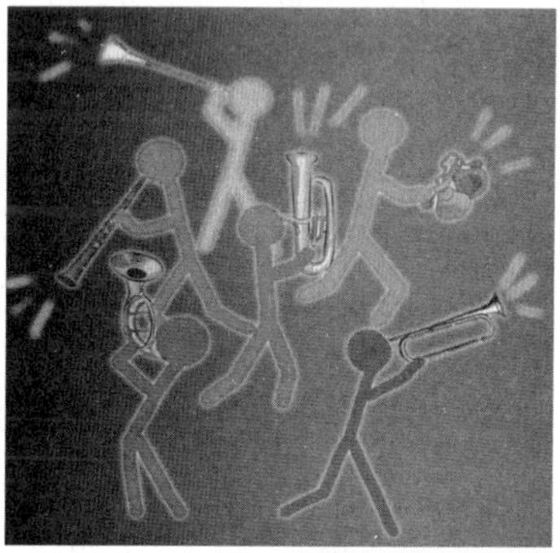

图 5.2　广告创意之奏乐版

第二个广告创意（图 5.2）：

街上，一人吹着唢呐登场。

另一人拉着手风琴上场。手风琴声与唢呐声交织在一起，不同风格的音色奏着不同曲目，开始让人感觉不舒服。

镜头拉远，多人同时入镜，各人分别拿着铜锣、长笛、小提琴等乐器自顾自或吹拉或敲打，乐声完全不协调，让人烦扰。

镜头重新拉进最初那人身上，唢呐一转眼变成了手机。

屏幕打出广告语：非个人表演时间，公共场合请小声通话。

显然，两个广告创意各有特色，第一个创意画面语言和文字语言简洁精炼，相互补充、映衬，而且画面语言具有象征性意义，使广告的意境得到扩展和延伸。第二个创意场面比较红火热闹，画面语言与主题无关的因素加入较多，因而会喧宾夺主，使观众在看完广告后，只记得喧哗的场面而弄不清或忘记了广告的主题。

【例 5.2】“南方黑芝麻糊”的电视广告文：

“小时候，一听见‘芝麻糊’的叫卖声，我就再也坐不住了。”

电视画面是：江南的小镇、挑担卖芝麻糊的母女等。

最后打出字幕：一股浓香，一缕温暖——南方黑芝麻糊。

广告画面和文字语言简洁精练，易读易记。加之融入乡情，使人不免产生思乡之情。

【例 5.3】某“甜饼粉”的电视广告：

这种“甜饼粉”所应具有的各种成分已经调和在粉中，做法简便，只须加适量的水（包装上已注明），放入烤箱里到一定时间便大功告成（规定时间亦已注明）。

广告制作者认为事情做来太简单，想在电视片中添进一些逗笑成分，既会生动，又会使观众印象深刻，于是屏幕上出现了一个满脸滑稽相的大师傅，卓别林式的幽默动作，亲自动手做这个小甜饼。

换一种表现方法，效果就大不相同了：屏幕上一个活泼的小女孩，取来甜饼粉一盒。按着包装上的图示，一边念，一边操作。按程序地取粉、加水、入烤箱。接着在洋娃娃面前和自己面前摆好碟子和小叉子，烤箱定时器响了，立刻打开盖子。小姑娘一脸惊喜（甜饼大特写）。

显然，前一个电视广告偏离了方便简洁的定位，既然是一种简便的家庭用“甜饼粉”，本就毋须大师傅来做，一副滑稽相倒使人觉得造作。结果反应率只达 42%。后一种设计就显得自然亲切得多，既然连一个小姑娘都会按照说明来完成，这其中的简洁便利就不在话下了。小姑娘一本正经的稚气表演，使人感到童趣稚拙，不由自主地对广告产生由衷的好感。结果反应率达 88%。

简洁的广告创意有着它独特的优越和魅力，然而简洁并非简单，这种简洁是属于一种美学范畴的简单。

二、企业产品的定位性

电视广告创作是以产品市场定位为出发点。企业产品的准确定位是在为数众多的竞争商品中，开发和拓展自身优势，寻找有别于其他商品的特色因素。如果商品或服务具有一个以上的特点，广告创作人员应先将各特点按重要性的大小来排列，然后取其最优的一点，作为广告创作的突破点或诉求点。例如，“黑妹牙膏”在电视广告中定位于非药物性、含有口洁素的特点上，结果在“牙膏大战”中独占上风，不但增加了销量，而且大大提高了知名度。

成功的广告创意，其关键不在于透过所谓创造来包装产品，而在于广告中所表现出的产品定位。因为广告不只是直接地面向消费者推销产品，而是给观众提供一个承诺和承诺的依据，使消费者在购买产品前就可以对产品有所了解，产生好感和坚定信念，从而在购买和使用产品后，进一步在心理上产生对产品的信赖感，提高诚信值。广告创作人员在充分研讨商品对于消费者享受生活乐趣所提供的协助及附加价值后，需在广告的承诺中强化产品带给消费者的益处，这是定位的关键所在。

因此，电视广告的定位应特别注意产品本身的个性色彩。

【例 5.4】某一轿车的电视广告。

解说词：车体是法国制造的，车款是美国风格的，车漆是德国进口的，是法美德的高新技术的完美结合。

画面表现的内容，分别采用的是这三个国家的山水风景。

观众在看了这样的广告后势必会产生疑问，不知道这个广告的产品到底是产自哪个国家，对商品本身的特性以及能提供那些益处均一无所知。这种广告往往会造成误导，从而会造成广告主和广告公司经济收入的降低。可见创意过程中为产品定位的重要性。

三、目标消费者的定位性

在着手设计电视广告之前，首先要根据市场调查的分析，确定信息是向谁传递的——目标消费者。广告的作用不仅在于吸引消费者，促进商品销售，而且在于根据产品的差异性、市场地域的差异性，针对目标消费群体的偏好进行心理分析，以制定产品的广告传播策略。广告创意的重点是要创造消费者对某种品牌商品的“偏爱”，从而促成某种购买行为。

【例 5.5】北京佳节速冻饺子的系列电视广告脚本。

根据目标消费者不同，分别设计了“家庭主妇篇”、“夫妻篇”、“青年篇”三种不同的形式。

1. “家庭主妇篇”——针对家庭主妇进行诉求。

场景：典型的三口之家环境。中午。丈夫和六七岁的孩子在看电视。妻子扎着围裙走过来。

妻子：“吃饺子要吃什么样的？”

丈夫：“薄皮！”

孩子：“大馅儿！”

丈夫：“煮出来漂亮！”

孩子：“像姥姥包的一样！”

妻子在厨房忙碌了一会，喊丈夫和孩子：“吃饺子喽！”

丈夫和孩子奔向餐桌，奇怪地问：“这么快？”

忽然恍然大悟，大失所望：“啊？速冻的！”

妻子满怀信心：“吃吃看再说！”

丈夫怀疑地夹起一个，咬一口：“啊，这么薄的皮！”

孩子吃了说：“馅真的很大！和姥姥包的一样大！”

二人大吃起来。

妻子含笑看着他们。

（画外音）“佳节速冻饺子，特别学习传统水饺的制作方法，帮你把饺子的美味发挥得淋漓尽致。”

妻子：“佳节水饺，像妈妈包的饺子一样好吃，让我再不用为让家人吃速冻食品而不好意思。”

动画推出企业名称。（画外音）“佳节速冻水饺，妈妈的饺子！”

2. “夫妻篇”——针对青年夫妻进行诉求。

年轻的妻子在厨房里和面。丈夫悠然自得地走来走去，满脸得意的神色。

（画外音）“不擅厨艺的她居然说要包饺子，还说得了妈妈的真传！”

妻子满手都被面包住，从厨房里冲出来。大叫：“老公救我！”

丈夫哈哈大笑：“请主妇休息。瞧我来露一手。”

妻子被丈夫推出厨房，满面不解：“我可没听说你是烹调大师！”

丈夫忙了一会，端出热腾腾的饺子：“妈妈的饺子来了！”

妻子恍然大悟：“啊。速冻的！”

丈夫：“吃了再说好不好！”

妻子品尝：“不错！这么薄的皮，这么大的馅，口味这么地道。”

（画外音）“佳节速冻饺子，特别学习传统水饺的制作方法，使你不费工夫就能吃上好饺子。”

妻子：“有了佳节水饺，再不用为不会包饺子犯愁了！”

动画推出企业名称。（画外音）“佳节速冻水饺，妈妈的饺子！”

3.“青年篇”——针对离家在外工作的单身青年进行诉求。

男青年下班后回到宿舍，面对简陋的厨具和各种方便面没有胃口。

（画外音）“离家这么多年，慢慢习惯了，唯一的遗憾是：妈妈的饺子不能带在身边。”

青年把方便面抛在一边，走到家门口的小超市在速冻食品的柜台前徘徊，无从选择，突然看到了“佳节”包装上的“妈妈的饺子”。

（画外音）“来一包速冻饺子，聊胜于无吧。”

青年煮好了饺子，开始吃，非常吃惊：“速冻饺子也有这么薄的皮，这么大的馅，口感像妈妈包的一样。”

（画外音）“佳节食品特别学习了传统饺子的制作方法，把妈妈的水饺送到你的身边。”

动画推出企业名称。（画外音）“佳节速冻水饺，妈妈的饺子！”

广告的目标消费者定位，是电视广告创作过程中不可省略的重要步骤。针对不同的广告目标消费群体，应有不同的广告创意构思，需要采用不同的创作手法。

【例5.6】“威力洗衣机”的电视广告。

创作者在设计制作时就考虑到广告的目标对象，制作出几种不同形式的广告：

其一：随着旭日东升和象征着奋飞、进取、开拓的画面依次展开，在气势磅薄的摇旗呐喊声中，雄浑有力的男中音播出了广告语：“威力威力，够威够力！”

这是意在树立企业和产品形象的品牌广告，是企业产品占有一定的市场之后适于采用的广告策略。

其二：画面是美丽的山涯、小溪，溪边有一群妇女在洗衣服。一老大娘反手捶了捶发酸的腰，抬头远望。画面转换，一辆白色汽车在蜿蜒的山间道路上疾驰，开进村口，村人立刻簇拥上去……画外女声（温柔地）：“妈妈，我又梦见村边的小溪，梦见了奶奶，梦见了你……妈妈，我给您捎去一样好东西……”男声（深情地）：“威力洗衣机，献给母亲的爱！”

这是威力洗衣机的乡村版的电视广告。这条广告是在行业大市场空间有限的情况下，企业把消费目标对象由城市向乡村扩展时发布的，意在拓展行业市场以促进产品销售。

威力洗衣机的这两条广告，因其选择的目标对象不同，在创意的构思上也存在着明显的差异性。在着手创作广告之前，清楚地确立广告的消费目标并分析其消费心理，会使广告效果大大增强。

第二节 电视广告文案设计

广告创意的视听语言的设计，需要选定最能突出产品特点的传播媒体和表现手法，才能准确而有效地传播广告的主体信息。电视广告的文案是其创意的具体表现形式和内容的展现。

一、电视广告文案的格式

电视广告文案的形式与广播和印刷媒体广告文案的形式不同。电视广告的文案要写成“画面”和“声音”对列的格式，以利于实现看与听同步的效果。通常程序是：先把广告文稿按镜头的先后次序分成若干段落，然后，再按照段落在稿纸中间用实线分隔成左右两部分：

左边写画面部分——让观众看的内容，包括画面、字幕、图形、场景，以及广告编写者对美工人员和导演的简明提示，等等；

右边写音响部分——让观众听的内容，包括解说词、演词、音乐、歌曲、音响效果，以及广告编写者对以上内容如何处理的简单提示，等等，不过要用不同的字体或符号将提示与广告正文区别开来。

【例 5.7】一个楼盘的电视广告文案（表 5.1）。

表 5.1 某楼盘电视广告文案

图像部分	解说词
	①绿意家园，依山傍水。音乐渐起
①全景：楼盘的周边环境，山水风景。	
	②看！
②中景：五颜六色的鲜花和绿树掩映下的楼盘。	
	③有位佳人，靠水而居。
③近景：湖水边散步和休闲的人们	
	④绿意——充满诗情画意的家园
出字幕：绿意家园，无限绿意	

这种电视广告文案也可以写成更完善的电视广告分镜头脚本。

二、电视广告文案的表意手法

电视广告文案的创作手法可谓多种多样，主要的表现形式有以下几种：

1. 名人或演员推荐式

就是请名人或演员在镜头前真诚热情地介绍产品或提供服务信息，也可用名人爱用某种东西的镜头或推荐商品的镜头。这种形式的特点是直观、形象，所以在电视广告中广泛应用。

名人的注目度的高低，在很大程度上取决于名人的声望。名人主要有两类：一类是政界、经济界和科技界的权威，另一类是歌舞演艺、影视或体育等方面的明星。名人在电视广告中以某种积极的、带有倾向性的态度与产品建立联系，使观众对产品建立起可信赖感。例如，广州奥林匹克花园请体育明星作为广告代言人，与楼盘产品和奥林匹克品牌相联系，给人以信赖感，也为企业带来高知名度和效益。

【例 5.8】“蓝天六必治牙膏”的电视广告。

画面：清晨，一位朴实的中年男子手持漱口杯具迎面向镜头走来，一面走一面向观众诉说着：“我的牙，全托蓝天六必治的福了，一点毛病没有。牙好，嘿，胃口就好，身体倍儿棒，吃嘛嘛香，您瞅准了，蓝天六必治！”

这种形式的广告，公众对广告的认识程度是因演员的坦诚表现、因演员本身名望而加深。因此演员的选择很是关键，演员身高胖瘦如何，应以友好的还是权威的口吻，都是在拍摄之前必须周密思考的。此外创意是否需要布景、导演的选择等都要事先作好安排部署。例 5.8 中，广告编导在演员、台词、布景的选择上颇费了一番心思，力求以“平实自然”的风格集中表现创意。选择的布景是在普通的民宅里，演员相貌、穿着上也普普通通，广告词更是运用了口语化的语言，就如同与人拉家常般自自然然，没有造作，把牙膏广告真正做得与生活本身那样，浑然天成，使人油然而生亲切感和熟稔感。演员的实在与坦诚，也使观众感受到了产品的实在与坦诚，并由此而欣然地接受了广告推荐的产品。

【例 5.9】美国帕都食品公司懂事长弗兰克·帕都为“帕都肉鸡”作的六十秒电视广告。

人们问起我的肉鸡时，总是提出两个问题。

第一个问题是：“帕都，你的肉鸡怎么会有这么好的金黄皮色，简直令人难以置信。你可不是把肉鸡染成这样的吧？”

实是求是地说，我们的肉鸡皮色绝对没有什么人造的东西。如果你也有鸡，喂以优质黄玉米、紫苜蓿、玉米麸、金盏草等，你的肉鸡也会是金黄色的。对鸡进行染色是不行的。

另一个问题是："帕都，你的肉鸡怎么这样肥嫩多汁。你可不是把肉鸡注射荷尔蒙吧?"

问这种问题真使我有点恼火。我怎么会干这种事呢！鸡吃得像我一样好，生活得像我一样好，难道还会长不好而要我采取人工方法吗?

20 世纪 70 年代初，帕都食品公司是美国名牌肉鸡的最大生产商。弗兰克·帕都为了有效地推销自己的产品，在广告商的建议下，利用自己为知名人士这一有利条件，作为肉鸡的发言人，在纽约市开展了一场富有特色的广告宣传。这个电视广告是以帕都食品公司产品质量为中心，采用反驳广告的手法，就一些人对肉鸡质量抱有怀疑的心理，进行驳斥和解释。它产生了良好的促销效果：第一年行将结束时，纽约半数以上的肉食店和小型食品零售商都经销"帕都肉鸡"；据对消费者的调查表明，喜欢"帕都肉鸡"的人已超过 50%。

名人推荐型成败的关键在名人的选择。许多著名人物不一定能在电视广告中尽善尽美地表现自己，这就要承担风险，往往好时好到锦上添花，坏时坏到一败涂地，不堪收拾。此外，名人的声望就是代价，广告费或代言费动辄数十万元，甚至上百万元，广告企业负担不小；还有名人说的话容易令人信服，若稍有疏漏，便会给人留下不真实的、欺骗的感觉。

2. 生活故事式

就是以叙述故事的方式，构想出某一段生活情节，可以是一个完整的故事，也可以是一个片断，来集中表现广告的主题，引人入胜，富于人情。

【例 5.10】公益广告"主题：公共场合请轻声讲电话"。(新闻学专业学生设计)

目标市场：所有拥有手机，并且习惯在公共场合高声使用手机的广州当地居民，都是本广告的目标受众。据 CBC（佳瑞）市场研究机构针对城市手机市场的最新调查显示，广州的手机普及率高达 90%，也就是说约 90% 的广州市民都是我们的资讯传达目标。

1. 熙熙攘攘的广州街市，八大姨手提菜篮向镜头走近

2.【特写】八大姨故作神秘状，说：“我这辈子啊，就喜欢八卦。”

3a.【街坊画外音】“八大姨，买菜啦！”

3b.【特写】八大姨转头：“哎~”

4.【特写】八大姨对着镜头：“喏~这条街的人都叫我八大姨。”

5.【前景】八大姨在眨眼。
镜头左后方出现路人甲，停下来，掏出手机接电话。

6.【特写】八大姨眼睛一转，露出惊喜表情。

7.【中景】镜头转到八大姨跟在路人甲的身后，竖起耳朵，全神贯注地偷听。

8.【声音】路人甲打电话听不到声音。【特写】八大姨脸上露出了越来越失望的表情。

9.【镜头切换】八大姨发现新目标路人乙，在路人乙身边偷听。

10.【特写】八大姨再次失望的表情。

11.【快镜头】八大姨在不同地点不同路人中不停发现目标，然后不停失望。

12.【快镜头】八大姨在不同地点不同路人中不停发现目标，然后不停失望。

13.【快镜头】八大姨在不同地点不同路人中不停发现目标，然后不停失望。

14.【俯拍】 八大姨抬头，皱着眉头：“大家打电话都变得这么小声，我还怎么八卦啊！哎～”

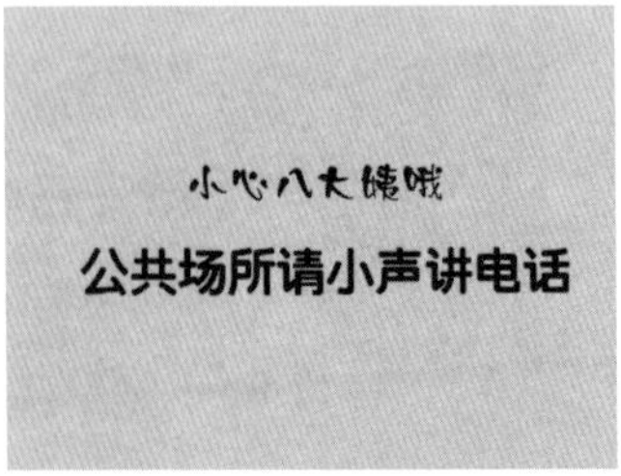

15.【广告语】小心八大姨哦，公共场合请轻声讲电话！

【电视广告（普通话，片长30秒）拍摄脚本】

打电话本是私人的事，别人也不愿意听，但有时却不得不听——我们经常可以发现，手机用户在公共场所打电话时，旁若无人，把个人隐私喊得天下尽知，全然不顾他人感受。随着手机日益普及，手机已经与普通人的生活密不可分，而“手机礼仪”还没有得到应有的重视。

于是，提出公共场合请轻声讲电话的倡议，主要是出于以下几方面理据：①无论是私人通话还是商务电话，一样涉及隐私。当你在公共场合肆无忌惮地大声通话，无意中会把个人隐私或商务机密泄漏出去。所以，控制通话音量，也是一种“自我保护”。②在公共场合高声打电话无异于对别人的噪音骚扰，是没有修养的行为。据一项最新的舆论调查表明，约有70%以上的人认为在公共场合使用手机令人讨厌。你想成为令人讨厌的人吗？不想。那么，在公共场所使用手机请慎重。③在公众场合过度张扬，必然是对别人权益空间的“压缩”。这更像是一场博弈——如果每个人都自觉地管好自己的通话音量不影响他人，也就不被他人影响——从而达到“双赢”。尊重别人也就是尊重自己。

广告创意旨在告诉观众，在公共场合控制通话音量，不仅是公民的文明道德行为，有利于维护良好自我形象，而且可以避免泄漏隐私，造成不必要的麻烦——这往往是人们容易忽视的。

这个公益广告就是通过叙述故事的方式，构想塑造了八大姨这样一个人物形象，设计了一段生活情节，唤起人们对“手机礼仪”的重视，广告的主题也因此得以深化。

【例5.11】1992年荣获全国第三届广告作品展电视广告一等奖的“南方黑芝麻糊”广告，就表现了一段怀旧的故事：

镜头一：（遥远的年代）麻石小巷，天色近晚。一对挑担的母女向幽深的陋巷走去。（画外音，叫卖声）“黑芝麻糊哎——”（音乐起）。

镜头二：深宅大院门前，一个小男孩使劲拨开粗重的樘栊，挤出门来，深吸着飘来的香气。（画外音，男声）“小时候，一听见黑芝麻糊叫卖声，我就再也坐不住了……”。

镜头三：担挑的一头，小姑娘头也不抬地在瓦钵里研芝麻；另一头，卖芝麻糊的大嫂热情地照料食客。

镜头四：（叠画）大锅里，浓稠的芝麻糊不断地滚腾。

镜头五：小男孩搓着小手，神情迫不及待。

镜头六：大铜勺被提得老高，往碗里倒着芝麻糊。

镜头七：（叠画）小男孩埋头猛吃，大碗几乎盖住了脸庞。

镜头八：研芝麻的小姑娘投去新奇的目光。

镜头九：几名过路食客美美地吃着，大嫂周围蒸腾着浓浓的香气。

镜头十：站在大人背后，小男孩大模大样地将碗舔得干干净净（特写）。

镜头十一：小姑娘捂嘴讪笑起来。

镜头十二，大嫂爱怜地给小男孩添上一勺芝麻糊，轻轻地抹去他脸上的残糊。

镜头十三：小男孩默默地抬起头来，目光里似羞涩、似感激、似怀想，意味深长……

镜头十四：（叠画）一阵烟雾掠过，字幕出（特写）："一股浓香，一缕温暖"。（画外音，男声）"一股浓香，一缕温暖。南方黑芝麻糊。"

镜头十五：（叠画）产品标板。

镜头十六：推出字幕（特写）：南方黑芝麻糊　广西南方儿童食品厂。

芝麻糊是一种普通的食品，广告诉求上难度较高。在30秒钟的节目里，该广告能恰当确定广告定位，从情感入手，把平淡无奇的商品，用回忆的手法把人带到芝麻糊香甜可口的回忆之中，以达到引起欲望、促进销售的目的。广告主题鲜明，视听配合完美。在表现上，采用统一的暖色调，配合演员的恰当表演，强化了情感诉求效果。中心画面的运用，小孩舍不得放下碗而不断地舔碗镜头用大特写，并留有足够的画面延时，使主题展示更为动情。芝麻糊担主额外给小男孩添加一勺芝麻糊的镜头，进一步强化了感情的诉求，也深深反映了中华民族文化中的内涵——仁义宽厚、不屑蝇利、尊老爱幼、邻里乡情……，使广告更为感人。整个电视广告情感浓郁，古朴自然，逻辑性强，使人在一个小小的回忆故事中愉悦地接受了信息的传达。

如果是设计一个生活片断，则主要包含三个方面内容：首先，设计某个生活中戏剧场面，遇到一些难题；然后，融入产品试图解决问题；最后，通过产品的应用圆满解决问题。

通常情况下，要制作一个需长期播放的电视广告片，片断式也是首选的表现手法。人们在购买生活日常用品，如牙膏、洗涤剂、化妆品等时，经常是不经意中受到生活片断式广告表演者的使用经验的影响。

片断式的成功要素，首先是演员的表演技巧；其次是主题的表达要鲜明准确，画面简洁明了且过渡自然，对白通俗易懂。这种表现手法的大忌是表演中留有做戏的痕迹，广告语言故弄玄虚。

3. 画面式

就是以画面的转换来突出编导的创意主题。

【例5.12】某楼盘的电视广告：

在首发广告时，楼房还没动工，画面无法反映楼盘实景，于是别出心裁的广告创意诞生了：

画面：蓝天白云，碧波荡漾，周边绿意盎然的丛林，花与鸟的悠然与和谐（配之优美的音乐），最后推出广告语：清新的感觉就是不一样，出楼盘品牌字幕和联系电话等。

人们在观看了这样的广告后，很想一睹实景的欲望和兴趣被调动起来了，于是很希望知道这个楼盘的详细内容，纷纷打电话咨询。

【例 5.13】法国 Pioneer 钢琴的电视广告片，画面非常有趣：

一位黑人钢琴家弹着一架三角钢琴，出现在旧金山的各个街道上，他一边弹着活泼的爵士乐，一边在多坡道的街头忽左忽右地奔跑。电视镜头像是照相机似地捕捉着一个个变换的定格画面，连续六七个镜头，最后是钢琴家和他的漂亮、高级的大钢琴在两辆白色摩托的护送下，穿过金门大桥，消失在画面的远方。紧接着出现广告语：

"说不出的趣味，Pioneer"。

这里看不出任何有关钢琴性能的诉求，但它所创造的气氛和情绪都充满了新鲜感，仿佛通过广告在说：请看这样的生活、这样的工作和这样的乐趣。

好的画面式电视广告旁白越少越好，甚至不用旁白，仅仅用画面和音乐来表现，就能唤起公众情感上的共鸣。

画面型电视广告必须具备两方面的基础：一是产品质量的信誉保证和依据，二是视听者需具有很高的欣赏与理解能力。这是在广告创意中需要充分注重的，否则，画面型广告会令人难以理解和接受。

画面型广告的另一种表现形式是动画式。动画广告是利用人的"视觉残象"原理，使动画中的人或物产生动感。

【例 5.14】动画公益广告：廉政使者。（数字媒体艺术专业学生设计）

动画包括迪斯尼式的卡通，也包括各种图解。假如你的创意需要夸张、幽默和出现奇幻景观，那么动画手法便能充分表现出来。它们的魅力之一就是把幻想和现实紧紧地交织在一起，使幻想的东西通过具体形象表现出来而具有新鲜独特的感染力。

例如，让动物担任主角，宣传某种食品、饮料，或从某个运动图形商标中走出来介绍商品；让鞋子、手表等跳舞；让汽车、自行车在空中飞翔；等等。

作为一种手段，动画这种表现形式给人十分宽广的视听表现范围，尤其在表现抽象的、内在的、摄影机难于拍摄清楚的那些产品和商标中，更是独具匠心，别具特色，另有一功。

1. 和谐号列车驶过祖国大地

2. 腐化菌突然出现，袭击乘客

3. 廉政使者登场

4. 廉政使者和腐化菌斗争，鼓舞了车上乘客

5. 唤起民众和腐败分子激烈交锋

6. 列车失控，驶向豆腐渣工程

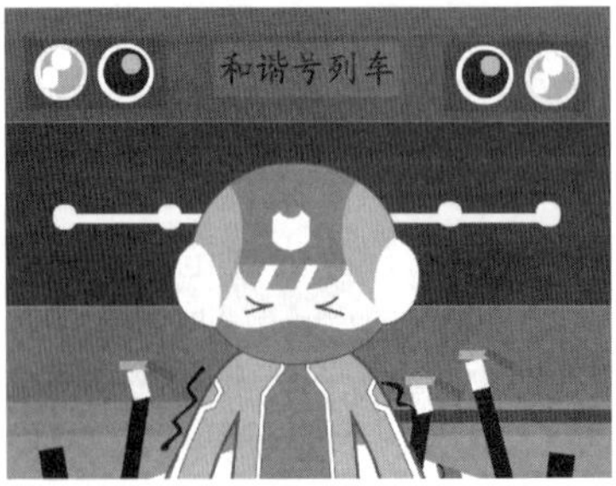

7. 廉政使者奋力阻止和谐号列车下坠

8. 腐化菌乘虚攻入

9. 人们齐心协力清除腐化菌

10. 廉政使者和民众合力将列车驶入正轨

11. 腐化分子落入法网，廉政使者不辱使命

12. 和谐号重新驶上繁荣大道

【例 5.15】“白云边酒”的电视广告，以一组清新、雅致的水墨动画表现了酒的香醇高雅的品味和神韵：

画面一：古朴的衬底上映出“公元七五九年秋，诗仙李白游洞庭湖……”的文字。

画面二：水天一色，静静的湖面上，一叶扁舟缓缓驶入，踏碎了月光的倒影。

画面三：李白伫立船首，微风吹拂着衣衫，一簇簇芦花从船头闪过。

画面四：秋叶飘零，李白卧于船首。船轻轻地在洒满月光的湖中行驶。

画面五：水中的月影像是巍峨的高冠，李白捻着胡须仰天吟诗：“南湖秋水夜无烟，耐可乘流直上天，且就洞庭赊月色，将船买酒白云边。”

画面六：朦胧月色中，小桥后，茅亭闪亮着几点暖暖的烛光，酒幌随风摇曳。

画面七：李白卧于酒坛边，邀月对酌。

画面八：静静的月色荷塘，一只蜻蜓乍起，随即又落在荷叶上。

画面九：船上，倒置着的空空的酒坛中滴下一滴酒于水中。酒香诱来几条鱼儿，泛起阵阵涟漪。

旁白：白云边酒由此得名。白云边酒，历史悠久。白云边酒香醇高雅。

画面十：又一滴酒滴于水，在水纹散开处，化出“白云边”三个字，接着又化出白云边的酒瓶造型。

画面十一：古香古色的衬底上映出字幕："白云边酒厂，中国湖北松滋"。

这一广告片，以中国传统文化作为表现手段，选用人们熟知的诗仙酒圣——李白醉酒吟诗的情节，对宣传商品信息作了大胆尝试。首先，水墨动画传神地再现了李白秋游洞庭湖、踏碎水中月影的韵味，李白独立船头、举杯邀月共酌的画面，也能勾起观众对诗仙著名诗句的回味，并自然地与白云边酒产生联想。其次，像用滴酒入水、泛起涟漪、鱼群闻香而聚的表现手法，既夸张又富有情趣，既形象而又贴切地表达出了"白云边酒"香醇永久的主题。广告中富有中国传统色彩的水墨画的特殊技巧能刺激观众的兴趣和表现"白云边酒"的特点，得到观众的认同。该广告荣获"'92上海国际动画节"广告单项奖。

4. 现场实证式

这种形式主要包括现场示范和现场发布。现场示范是将特征明显或特殊的商品向公众作出展示，让公众了解商品的特征，并强调这一特征是真实的。

【例 5.16】某"洗衣粉"的电视广告：

画面：一个表演者用两种洗衣粉洗一件白色的衬衣。其中的 A 种洗衣粉，无论演员如何搓洗也洗不掉白衬衣上的污渍；白衬衣放在透明的玻璃器皿的 B 种洗衣液中，观众看到污渍瞬间纷纷滑入水中，表演者再将白衬衣从水中取出，白衬衣立刻洁净无比。

这种示范性画面把产品的特点展现给观众，令观众过目不忘，深信不疑。

【例 5.17】某"旅行箱"的电视广告：

该旅行箱的特点是结构坚固——外壳可抵受任何碰撞冲击，而箱内物件毫无损毁。广告对象是各种旅游人士。如何表现商品这一特征？为此有人提出了各种碰撞情况：自高空扔下，被汽车以高速撞击及意外地被抛出等，最后由最脆弱、易碎物品中联想到鸡蛋，于是电视广告的创意便诞生了。他们用纪录片纪实的手法拍摄：

一辆货车行驶在某地公路上，大货车的急速转弯把旅行箱意外地抛落到地上。(摄影机跟摇近景拍摄）旅行箱撞地而丝毫无损。一双手迅速将该箱打开，从箱里的衣物中拿出一个鸡蛋，将鸡蛋端往镜头（特写），可见鸡蛋完好无缺，并未因受到撞击而致裂。

该广告用证明性的镜头，把旅行箱的特点准确有效地示范传达给观众，令人信服，成为一条成功的广告。

现场实证式广告文案的制作，要求必须实事求是，以产品的过硬质量为依据，使用证明的手法，如比喻、夸张等应适度，不可太离奇。

现场发布式是现场实证式的另一种表现形式，类似于新闻现场发布会。

在 20 世纪 80 年代初期，很多企业希望在广告推出时，尽可能避免观众的逆反心理。于是，国际上的广告业界人士在广播、电视广告的发布形式上，开发出一些新的广告形式，使广告信息顺利地传输给目标对象，现场发布式广告成为当时行业较为盛行的一种新形式。

现场发布式广告是在广播和电视中，采用现场报道的方式，传播近日近地发生在人们周围的事件，并适时加入企业和商品的广告信息内容。

【例 5.18】某电视公司在一次新闻节目中，先由播音员向观众报告一场台风来临的消息，借着狂风暴雨肆虐城乡的电视镜头，紧接着进行别开生面的商品广告。播音员用亲切的语调告诉观众：

"依目前情势看来，台风可能在 20 小时之后登陆。登陆之后，势将造成严重公害。(这个时候，播音员手拿半导体收音机和手电筒)，请准备牌收音机和手电筒。牌收音机是充电式的，寿命特长，无论何时都可使用，可以说是有备无患的必需品，要收听瞬息万变的台风动态，请用牌充电式收音机。遇到停电，请用牌充电式手电筒，使你有意想不到的好处。"

这种广告形式情真意切，加之播音员适宜适时的语调平易近人，既没有复杂的特技，也没有加入音响特效，但广告效果却因适时传真而极好。

5. 口号式

在企业的广告商品的知名度达到成熟期时，广告商品本身已经具有相当的魅力，并拥有了一定的偏爱其产品的受众。这时，运用广告口号，可以准确而简明地传播商品的主题信息，以此暗示观众关注广告的主体信息。这是一种既经济又简洁的传播方式。

电视广告中，可运用广告口号或广告歌，也可用旁白或字幕等形式。

【例 5.19】"好东西和好朋友分享"（麦斯威尔咖啡）；

"钻石恒久远，一颗永留传"（DTC 钻石）；

"挡不住的诱惑"（可口可乐）；

"万家乐、乐万家"；

"金利莱，男人的世界"。

为了使口号强化产品印象，让观众加深记忆、经久不忘，口号出现时可采用特殊字幕和音响的效果，会事半功倍。

6. TPO 广告

除现场广告外，20 世纪 80 年代末，在美国纽约、芝加哥等地亦盛行一种新的广告形式——TPO 广告。

所谓 TPO 广告，就是指电视机构的广告部门利用节目编排技巧，有机地把时间

(time)、场所(position)和事件(occurrence)三者联系起来，巧妙地安排同一品牌的广告，根据受众的时间、场所的不同，分门别类，连续播映，在形成比较强大的广告攻势的同时，又力求用最亲切委婉的表现手法去“讨好”每一位受众。

【例5.20】美国可口可乐公司的TPO广告：

清晨，7:30，在新闻节目前，向上班前的公务人员传输这么一个信息：紧张繁忙的一天已经开始，出门前喝一杯可口可乐，将会使您的工作节奏更流畅，精神更饱满。

上午，9:30，在《家庭百事》节目前，一曲清新明快的乐曲奏完，女节目主持人笑容可掬，手持一罐可乐上场，提醒正在家操持家务的主妇们，别忘了把可口可乐放在冰箱里，晚上您的先生和孩子回家，如果喝上一杯冰镇可乐，既冲掉他们一天工作学习带来的疲乏，又适时体现出你对家人的温柔爱心。

午间，12:20，气象预报节目的最后一个画面消失，电视屏幕里又在不失时机地劝告在公司午餐的公务人员：今天天气酷热，午饭后喝一杯可乐，解渴消暑，身心愉快，积聚充沛的精力，井井有条地去处理下午的大堆事务吧。

晚间10:10，一场精采的棒球比赛休息时间，看台上人头簇拥，突然，镜头推近一看客昏厥状。随后，观众十分熟悉的两个男女电影明星出现，播进一段对话：今天可热得够呛，你们看，刚才另一位女士可能中暑了。据气象报告，明后几天气温比今天还要高，可乐的消费也会高上去，请打电话到可口可乐零售商店去，通知他们快些多送几箱新鲜可乐，储存起来，以供不时之需。下面就是零售商店的电话号码……

这种广告形式从不同的角度：时间、地点和场所，不断地重复传播可口可乐的广告信息，从心理上强化观众的记忆，提升了可口可乐的品牌形象。这种做法改变了以往电视广告中的密集型轰炸式的灌输方法，使广告信息与人们生活息息相关的琐事相联结，达到润物细无声般的效果。

电视广告发布经常是在电视节目或电视剧的前后，由于广告片的传播频繁，同一电视广告反复的播放势必会令观众厌倦，引起受众的心理抗拒。而且，随着世界科学技术突飞猛进，人们可以寻找到越来越多的对抗电视传播的手段来“卡”掉广告。尽管电视广告制作人员孜孜以求地在制作艺术和技巧上不断推陈出新，迫切希望运用现实生活中那些生动的、离奇的音响和镜头，使电视广告更具魅力，更具有娱乐和欣赏价值，但终究还是不能缓解受众对广告的种种抗拒心理。因此，现场广告、TPO广告的兴起和发展，也成为电视广告人的一种探索和尝试。

第三节　电视广告的制作方法

一、电视广告制作的要素

在电视广告的制作中，画面、声音和时间长度是三个最基本的要素。声与画的有机融合，表达出广告的创意和内涵。

1. 画面部分

电视画面是通过摄像机拍摄记录下来的，其特点是生动、新鲜、直观和具体。一个镜头提供给人的视觉信息往往是综合多样性的。由于电视画面的信息容量很大，这为电视广告提供了一种有效的表达手段，大量的商品或服务信息是通过图像传递给电视观众的；但是，图像信息的传递也有它的局限性和画面多义现象，有时会使观众丢掉了广告所要传递的主体信息。因此，在制作电视广告的时候，对图像这种视觉语言的运用应该注意以下几点：

（1）视觉语言的表达要准确无误。在特写镜头的使用上尤其要注意这一点。特写是电视广告中大量采用的一种镜头，它具有明显的强调和指定作用，能把商品的特征表现得淋漓尽致。但是特写使用不当，就会引起观众的疑惑不解，从而丢掉了广告的主体信息。

例如，有的用明星做广告的楼盘，为了展现明星风采用了大量的特写镜头，诸如明星的神情、衣物饰品，而忽视了将产品内容的推进，其结果是观众看了广告后误以为是某个明星展现风姿，其广告效果可想而知了。

又如一则洗衣粉的电视广告画面采用了特写镜头：女演员手戴闪闪发光的钻戒，取一小勺洗衣粉放在洗衣盆里用手搓洗，取三小勺洗衣粉放在洗衣机里。观众的兴趣集中在钻戒上，对这个特写镜头的理解产生歧义，误认为这是钻戒广告。与广告产品无关的道具“钻戒”进入画面，喧宾夺主。这样的特写镜头重复次数越多，对广告主体信息传递的副作用就越大。

（2）视觉语言要简洁，注意排除干扰因素。图像在同一时刻传递的视觉信息可以是综合的、多元的，要使观众从画面上得到准确的视觉信息，就必须注意画面的简洁，尽量把不重要的有可能干扰主体信息的事物排除。如有的广告，演员加入了过多的非主体信息或表演过度，结果可能会使观众只记得演员风韵和神采而忘记了广告的产品信息。

（3）画面要有意识地调动和强化观众的视觉注意力。在电视中，画面是动态的，诸如光影、色彩、镜头中的物体运动以及镜头的运动，光影、色彩变化、画面的组接等，这些富于变化的手法都可以成为调动观众视觉注意力的重要因素。

2. 声音部分

电视广告是通过观众的视觉和听觉进行感受的，声音则是听觉的感受对象。影视声音大体又分为语言声、音乐声和音响效果三个部分。在电视广告中，声音不仅仅是画面的解释说明，它以相对独立性与画面产生相互作用：有时相互强调，有时冲突，有时同一，有时分立。

（1）语言声。电视广告的语言声可分为演白、旁白两种。演白是电视广告演员所说的话。由于演白是演员一边表演，一边说话，它具有与观众直接交流的亲切感和生动性。

旁白，即画外音，播音员不会在画面中出现。其中，演员的内心独白及回忆、梦幻中的旁白等均为画外音。在电视广告中，较为常见的是解说员的画外音。其主要作用是对画面语言所无法表达清楚的内容作补充说明。

（2）音乐声。电视广告中的音乐声可分为声乐与器乐两种，声乐指常见的广告歌或歌曲。器乐是根据剧情、色彩、气氛、人物、情节发展而创作的，是为表现主题和剧情服务的乐曲。其作用可以加强画面的气氛，表现地方特色和时代特征，使主题更加鲜明突出。

另外，音乐在剪辑技巧中也起着重要的作用。连续的音乐可以使一系列互不连贯的镜头产生形象、流畅、发展的效果。

（3）音响效果。音响效果声是指电视广告中除了人声和乐声以外的声音，如风雨声、哗哗的流水声、钟表的滴答声、鸟的鸣叫声等环境效果声。

在广告作品中音响的作用主要有：①调动观众对动作的感受，引发观众的联想；②改变观众对时间和故事发生地点的概念；③象征的作用，推动人物和故事的发展。

生活中的音响是自然的，没有任何制约，而电视广告中的音响却是有动机、有选择的。电视广告导演必须处理好音响与人声、乐声，音响与画面的关系。

音响的制作方法主要有：①现场拍摄录制的实况音响；②录音棚模拟制作的音响；③计算机编程制作音响。

3. 时间

与以往不同，大多数的广告主和广告代理达成一种共识，广告片长度限于60秒之内为佳。如果广告诉求一种商品40秒或45秒即可；若同时做两种商品广告，则不妨制作两个30秒的广告连续播出。

电视广告通过电视媒介发布时，由于受到经费条件的制约，通常要求以较短时间传送尽可能多的信息并吸引观众，以降低企业成本。这不仅带给广告主现实的利益，消费者也容易接受，因为观众通常不会有耐心去看那些冗长繁杂的广告。

博加特博士（Leo Bogart）在《广告策略》一书中指出：大多数广告客户希望以大量的商业信息加诸观众，而这样做并不能引起观众的注意。一个好的电视广告片，最重要的是要有清晰、独特的画面，使观众在许多电视广告中，一眼便能记住你的广告商品。

据美国电视广告局（TV Bureau of Advertising）和雪琳调查公司（Schwerin Research Corp）调查结果：①大多数观众认为较短的广告时间较能引起观众注意，但最重要的在于如何实行和安排；②在观众的眼里，不管60秒或30秒的广告，令人满意的广告表现才是重要的；③60秒和30秒的广告，传播效果相差无几。

由此可以看出，时间较短的广告能引起观众的注意，进而使之产生兴趣与购买的欲望。如必须用较长的时间，以不超过100秒为宜，或分开做成两个60秒的广告；否则，效果适得其反。具有独特的销售主张的广告创意，时间较短者效果会更佳。插播广告，最重要的还是在于独特的创意和传播策略。

二、电视广告制作程序

一个电视广告虽然很短，但它的制作却跟摄制一部电影一样，在通过了设计方案之后，还要经过准备、摄制、编辑、配音合成等程序。

1. 准备

导演根据策划脚本的具体要求，实地勘察外景（或搭景）。同步进行的还有两项工作：①找演员。演员必须具有相当的表演技巧，才能把设计方案的艺术构思表现出来。找演员的工作一般由副导演去做，每个人物至少有两三个人选提供给导演最后确定。②确定该广告的制作人员，其中包括摄像师、照明师、录音师、化装师、美术设计人员等。

分镜头剧本确定以后，导演就要召集演出和制作人员开一个工作会议。会议的中心内容是讨论和阅读分镜头剧本，如果演职人员还有一些好的建议，会议上经过策划负责人的认可，可以对导演分镜头剧本加以局部调整。通过工作会议，全体演职人员应该熟悉该广告的表现主题，明确各自所担负的职责。然后，模特或演员在熟读脚本的基础上，按照导演的要求进行排练，摄像师、照明师、录音师和美工等制作人员则要进行实拍前的一系列准备操作，导演要同制作人员一起研究、设想画面与声音的表现方式及其将会达到的效果。这一阶段导演是核心人物。

2. 摄制

广告摄制比一般的影视剧摄制要求有更高的技术和艺术水平，必须在用光和构图上多下苦功，布光可以说是电视画面的美容师。应适当地运用各种拍摄技巧，以引起观众的注意，加深印象。

由于特写、大特写在广告摄影中占有非常重要的地位，因此要注重特写的摄制工作。

3. 编辑

首先进行的是工作样片的编辑，这项工作通常是由导演和画面编辑在剪接室里完成。通过剪接，把工作样片准确地编辑到所规定的秒数中。编辑的重点包括各镜头的顺序、镜头长度和节奏，这些都要根据导演的分镜头剧本来进行。工作样片编辑好以后，可以给策划负责人和客户代表放映，以得到他们的认可。

4. 配音

配音是指由播音员或解说员来播讲广告词。配音的效果如何，会直接影响到广告的质量。一般来说，广告是用说明、劝导和说服的方法，向观众进行企业和产品的介绍。广告的配音应选择语调亲切、音质清纯、音色动听、播音流畅的配音员。

合成即是将分轨道录制的解说词、音乐、音响等声音混合录音之后，采集输入到非线性编辑系统，与画面同步配合，画面和声音以及字幕全部编好之后，再转到硬盘系统或录像带上。这是广告制作中的最后一道工序。

第四节　电视广告的语言特色

根据传播的途径和方式，各种不同的传播媒介都有自己独特的语言体系和结构。电视广告的语言是视听语言，从某种意义上来说，电视广告的成功与否，关键取决于视听语言的表达程度。

一、电视广告视听语言的组成

电视广告视听语言主要包括视觉语言（即镜头语言）、听觉语言和蒙大奇语言。

1. **视觉语言**

视觉语言主要包括画面、图形和字幕等。

电视广告的画面包括动与静两种：动的画面，如现场直播、实景拍摄、卡通动画等；静的画面，如绘画广告、摄影广告等。电视广告的主题主要是靠画面这种视觉形象来表现的。画面，作为电视广告中的一种特定语言，较之其他媒介形式的语言拥有更大的被注意值。因此，画面是电视广告中最重要的内容，画面是电视广告形象的直观表现。

字幕是在电视画面上直接出现的文字。在电视广告中，字幕的最基本和最重要的用途之一是强调和补充广告的主要信息，如标题、口号、商标、企业名称以及其他关键性内容。字幕可用在活动的画面上，也可在广告的片尾打出。有时用特写镜头放大商品的标签或牌名，用以强化和加深观众的记忆。

2. **听觉语言**

电视广告的听觉语言主要包括解说、演词、音乐与音响效果。

解说又叫背景语言，是随着广告画面的展现而作的讲解，用以增加观众对广告画面信息的理解。

演词是电视广告中人物的对话或独白，这是以人物的话语来表达商品的个性，比解说更为有趣，更富有感染力。

音乐和音响效果是电视广告的特殊语言。电视广告配以一定的音乐和音效，能够起到创设意境、表现情感、烘托气氛、悦耳动听、加深印象等作用。

3. **蒙太奇语言**

蒙太奇就是指镜头的剪接与组合。蒙太奇原是法国的建筑术语，其原意是指将各个分散的建筑材料依据一定的顺序进行装配组合，构成一个完整的建筑。随着电影艺术的发展，国外的一些艺术家将这一术语很贴切地引申到电影艺术理论中，并且上升为蒙太奇理论，成为电影艺术中一种独特的表现方式。随着电视的诞生，蒙太奇理论又自然而然地应用于电视领域。

在电影电视中蒙太奇又有其特殊的含义，是指将各个零散的画面素材，按照生活和思维的逻辑以及美学原则，组合成视觉文章。蒙太奇的表现形式主要有主题式蒙太奇、叙述式蒙太奇、镜头内部蒙太奇、表现蒙太奇。

（1）主题式蒙太奇，是把一系列不同内容的镜头进行组接，每个镜头之间无需特定的时间和空间的联系，但却可以表达出一个完整的含义。观者也不需要逐个细看每个画面的具体内容，以及画面中的人物在具体做什么，而是通过画面的总的连接中，产生一种综合印象。例如，某房地产广告中有这样一组画面：湖光山色，花草树木，蜂飞蝶舞，晨运的人潮和楼房一角，给人们的印象是在风景宜人、环境幽雅的山水怀抱中，坐落着一幢花园式豪宅。其优势：运用主题式蒙太奇技巧产生的节奏感，可创设诗的意境，产生独特效果。

（2）叙述式蒙太奇，是指将前期拍摄的分散镜头，按照逻辑或时间顺序分段组合起来。这些镜头中的每个镜头本身都含有一种事态性的内容。叙述式蒙太奇的基本特点是：①叙述一段事件情节；②展示系列主题内容；③具有严密的时间性和逻辑性。

（3）镜头内部蒙太奇，又称为机内蒙太奇，是指在拍摄中根据情节和内容的变化，来变换角度和调整景别，用一个长镜头实现几个分镜头组合的效果。

镜头内部蒙太奇可使声音和画面保持连续和同步进行，保证叙事的连续和结构的完整性。

（4）表现蒙太奇，又称为对列蒙太奇，是展示同一事件的广泛影响和广阔的空间层次。它主要是表现一种相互关系，即把相互之间有一定逻辑关系的两个形象平行组接，以此来形象地反映出两个事物之间的内在联系，创造出一种全新意境，表现出一种比人们所看到的表层现象更富于哲理性和更为深刻的内涵。表现蒙太奇富于色彩变化和创造力。例如，用一组高新技术的大规模生产线镜头与大海波澜壮阔的镜头进行并列组接，表达出的深刻内涵和意境是：当今科学技术的发展浪潮飞速而又迅猛。

表现蒙太奇的特征是根据事物之间的内在逻辑关系，把不同的镜头组接起来，表现出来的是单个镜头所未有的、新的派生内容。它可以通过两种形象的对列，让其中的某一形象更鲜明、更突出，用一个形象的象征意义来比喻另一个形象，造成一种心理联想，达到寓意和象征目的。例如，将一组反映科技镜头与一组体育竞赛的镜头并列，寓意世界高新科技发展的激烈竞争，并暗示必须勇于拼搏才能夺冠。

电视广告中运用蒙太奇技巧对拍摄镜头的选取和组合是十分重要的，不同的镜头衔接会给人带来不同的感受。例如，有以下三个镜头：①轻盈旋转的舞姿；②旋转的水涡；③洗衣机。如果按①②③的顺序衔接，观众会很自然地领悟到这种象征性手法的妙处，从而对这种洗衣机产生一种美好的感觉；如果按③②①顺序或②③①顺序衔接，观众便会摸不着头脑，弄不清你宣传的是洗衣机还是舞蹈；如果按②①③的顺序衔接，观众甚至会产生一种危险感，似乎舞蹈的人将要被卷进洗衣机里。由此可见在镜头的衔接上巧妙运用蒙太奇原理的重要性。

蒙大奇是运用剪接组合处理生活素材，来进行艺术创造的独特的艺术方法，它是影视艺术的独特语言，而且是最重要的语言。

二、电视广告视听语言的表达

1. 发挥画面语言的特性

画面语言有着巨大的表现力和感染力，电视广告依靠丰富多彩的画面来生动直观地展现商品的外貌特征和功能。与其他媒介语言相比，电视广告语言更富于直观性、联想性和生动性，人们能更轻易地从一则广告画面中把握广告传达的基本概念。由于电视广告语言的这一特点，电视广告最忌讳用语言解说去挤掉视觉表现，它应当尽量少用或不用那种只通过语言叙述的情节，因为镜头和画面完全可以单独表现事物。在生活中许多可闻可见的现象是不可言传的，文字语言并非万能。

文字语言适合于抽象概括和隐喻，视听语言却适合可闻可见的具体形象。在电视广告中，文字语言应简明扼要，突出个性，画面已表现清楚的不用多说，让画面有更多表现的机会，无须画蛇添足。有些广告主不了解这一特点，坚持要在广告中加进过多的解说词，以文字语言代替画面语言，甚至认为文字是万能的，结果削弱了画面语言的强大表现力。

例如：一个风景优美的山水自然风光的画面。配音："好山好水好风光，你太美，太美，太美了"。这样的片子，观众看了不禁哑失笑，所以，这样的语言配音还不如不用；若仅用音乐配之，效果还会更好。

以上说明，电视广告语言的运用，要充分尊重画面这一视听形象的巨大表现力，借助其表现内涵的丰富多彩，使其产生出极高的被注意值。应该牢记这一点：如果画面表现的，确是只可意会不可言传的情境，那就请相信观众的接受心理和能力，让他们自己去默默地观察和品味。

2. 视听语言的交替与互补

（1）交替出现。视觉语言和听觉语言的交替使用是电视广告语言的一大特色，这是其他媒体广告所不能兼有的。如前所述，画面语言即视觉语言，是电视广告语言最重要的内容，而听觉语言只是视觉画面的表白，因此，听觉语言应该如影随形，随着画面的跳跃而跳跃，同时力求精炼，有更多的停顿，以突出视觉效果。

【例 5.21】公益广告"公共场合请轻声讲电话"之"八大姨篇"的广告文案（见第 100～103 页）。

可以看到，这则广告用视觉语言——画面部分和听觉语言——解说词，先后交替出现来强化广告主题，

第一个画面：八大姨走进画面，无解说；

第二个画面：八大姨故作神秘状——特写镜头强化人物形象。八大姨说："我这

辈子啊，就喜欢八卦。”然后又反复出现八大姨竖起耳朵、全神贯注地偷听的画面，其画面的表现力已很充分，无需加解说。解说词因为电视画面本身有很强的说服力，而出现了省略，这种省略形成语言的停顿并富有跳跃感，造成了电视广告语言的另一独有的特点：跳跃性。

在广告的十多个画面中，镜头语言和听觉语言先后交替出现。八大姨皱着眉头说：“大家打电话都变得这么小声，我还怎么八卦啊！哎~”。最后推出广告语：公共场合请轻声讲电话！

我们再来看一下表5.1中的某楼盘的广告词：第①句用陈述的语气直接道出品牌名称，绿意家园，依山傍水。第②句感叹的语气，仅用一个字：看！吸引观众视线。第③句交代了环境氛围和感受——有位佳人，靠水而居。用抒情的语气，加强了诉求的重点。第④句的头尾组合出现品牌完整的名称，绿意——充满诗情画意的家园，进一步强化品牌——绿意，引导观众产生联想，激发其购买的欲望。

这四个句式每一句都是对广告的画面进行说明和补充。试想如果没有图像的话，将这些跳跃的广告词连缀起来，其效果令人费解，甚至可能会产生歧义。

因此，只有画面语言与听觉语言的交替出现，达到了视觉与听觉同步的效果，才使整个广告主题明确，自然流畅，逻辑性强，给观众带来感官兴趣，并乐于接受。

（2）互为补充。电视广告的画面形象逼真，但也有其自身的局限性，通常所表现的形象只是直观的视觉形象，有些心理的感觉，如味觉、嗅觉、触觉等是难以直观和形象地表达的。为了弥补画面语言这些不足之处，往往需要用形象化的听觉语言来补充。例如，小轿车广告，其款式可以通过画面清晰地表现出来，但风格和使用后的感觉，则只能通过解说语言进行说明补充了，只有将二者有机融合才能将广告的产品表述完整。

【例5.22】某“矿泉水”的广告：

该产品具有无色、无味、无菌、无尘的四大特点。

除了“无色”这一点，其他特点很难直观地表现出来，如何去表达呢？广告编导者精心策划了这样的画面：电视屏幕上，出现了一个光头小和尚，在其形象下配上一句“四大皆空”的佛教用语，起到了画龙点睛的作用。由于广告语言与屏幕画面配合得体，气氛诙谐，给受众留下了深刻的印象，广告效果不同凡响。

由此可见，电视广告画面只有结合适当的文字或语言，才能显示出其丰厚的内涵，才能达到广告预期的目的。

3. 蒙太奇构思的艺术创造力

电视广告的画面、声音两大要素，是通过蒙太奇的效果才获得巨大而丰富的艺术表现力。蒙太奇重视了人们在一定环境中，随注意力的转移而依次接触现象的内心过程，以及当两个或两个以上的现象在我们面前联系起来时，必然会产生的按照一般的逻辑发生的联想活动。

因此，广告制作者构思时，必须考虑怎样运用蒙太奇的技巧去反映现实生活的内在联系，怎样通过镜头的剪接组合去表现和深化商品的概念与广告的主题，创设出广告艺术美的意境来。这是需要广告创作人员高度重视的，否则，可能会因为视听语言的失误而造成广告效果适得其反。

电视广告创作运用蒙太奇构思，通过镜头的剪接组合具有概括、分析、比拟、暗示、传达情绪和创设意境等多种艺术表现功能。因此，在电视广告创作中必须遵循这一艺术原理，使这种独特的蒙大奇语言产生无限的艺术创造力。

练习题：

1. 观摩电视广告并对画面与声音的和谐互补性进行分析，尝试拍摄30秒的电视广告。

2. 组织成立摄制组，自选题材，确定主题，撰写分镜头脚本，并运用蒙太奇技巧拍摄和编辑制作一则电视广告。

第六章　广播广告创意

在电视业的兴起带来了电视广告的迅猛发展的同时，广播广告的市场份额明显下降。因此有人断言：广播广告注定要走向末路。然而，事实并非如此。从多年的行业总的发展的趋势来看，广播广告仍是一个有着一定的影响力的大众媒体，在某些特定的行业中，是非他莫属。例如，广播广告受到出租车司机和私家车主的偏爱，它的独特魅力同样是不容忽视的。

广播广告是一种听觉媒体的广告，它即有别于视觉媒体的报纸和杂志广告，也有别于视听结合的电视和电影广告媒体。广播广告充分发挥听觉语言的独特魅力，来吸引听众的注意和情趣。所以，广播广告的创意可以说是听觉的创意，在进行创意设计时应充分考虑视觉化、意境创设等诸多因素。

第一节　广播广告的视觉化

根据广播广告受制于听觉的这个特点，它必须利用声音的艺术造型去创设意境和形象，以唤起人们的想象，这也恰恰是听觉广告的独特魅力。因此，在进行广播广告的文案创作时，要尽可能地调动人们的发散思维，引发其产生联想，用声音语言创造出一幅幅联想出来的生动画面，使听众产生“言中有画，画中有情”的感观效果，给听众带来有如身临其境般的感受。

【例 6.1】在日本第八届民间电台大会上，日本寿司饭店的 SANTORY 酒的广播广告以其独特的创意，获得最佳奖。该广告以“百人音乐会”的形式，向听众介绍 SANTORY 酒：

解说：各位晚安，“百人音乐会”这个节目由制造洋酒具有六十年历史的寿司饭店向您提供，欢迎收听。

音乐：肖邦作品，溪流、鸟鸣。

解说：人生短暂，艺术长久，优秀的作品经得起悠久岁月的考验。同样，发挥杰出创造力而生产的优秀威士忌，也经得起岁月的检验。具有六十年传统的世界名酒

SANTORY 是日本最适宜酿造洋酒的地方——山崎出品的。在木桶内无声透明的东西夜以继日地沉睡着，十年、二十年、三十年，随着时间的流逝越陈越香。

乐音：清脆的开木樽声。

解说：朋友们，酒桶已经打开了，满室都飘荡着一股 SANTORY 的芳香。看！一滴滴，像琥珀一样发出光芒。陈年的好酒，正像是古典音乐的馥郁。

乐音："咕咕"斟酒声，冰块落入杯中的"叮当"撞击声。带有田园色彩的舒缓乐曲轻轻飘荡。

解说：您现在最好的伴侣是一杯放一块冰的世界名酒 SANTORY 和一首世界名曲，让自己完全沉浸在美妙的境界里。

这则诉诸听觉的广告，充分地借助想象，营造出一种立体的情境：

看！"木桶内无声透明的东西"，"一滴滴像琥珀一样发出光芒"；

听！清脆的开樽声、"咕咕"的斟酒声、"叮当"的冰块声；

闻！"满室都飘荡着一股 SANTORY 的芳香……正像是古典音乐的馥郁"。

广告中绘声绘色的语言描述使听众感觉若物在眼前，似芬芳在侧，集 SANTORY 酒的声、色、味于一体，既给人以听觉的享受，又触发视觉，启发味觉。这种听、视、嗅觉在人们心理感受上相互联系和转化，产生出一种通感，引人联想，回味无穷。

日本广告心理学家川胜久认为，只靠诉诸听觉的广播广告并没有图片，因此，必须以语言和音响效果使收听人产生视觉印象。

可以说，SYNTORY 酒的广告十分完美地体现了广播广告这一创意的特色。

第二节　广播广告设计

广播广告有声无形，转瞬即逝，同时受到节目时间的限制，广告节目时间也相对短暂，一般分为几秒或几十秒，其中以 30 秒左右的广告居多。在这样短暂的半分钟内，广播广告的播出的效果远不如视觉媒介给人的印象深刻。因此，要能在众多的广告中独树一帜，广播广告文案的创意是取胜的关键。

在瞬息的时间里，要一下抓住听众，使人们在有意无意中，接受所传递的广告信息，需要有新奇的构想。

一、广播广告开头的设计

良好的开端，能吸引那些心不在焉、一心二用，又是各自分散的广播广告听众，如果一则广播广告在一开始就能抓住听众，就等于这则广告成功了一半。如果开头冗长拖沓、缺少新意，则会被淹没在众多的广告海洋之中，因而失去听众。对于平庸的广告，听众常常会表现出不耐烦，即使他在“听”，也只是充耳不闻，大脑的兴奋点已转移到他们手头正在忙着的事情上，这样广告的目标就会落空。因此，一则优秀的广播广告需要在开头下足工夫。

【例 6.2】猎犬牌防盗报警器广告：

一个寂静的夜晚，（音乐进入，塑造环境）

一条窃贼的身影，（脚步声起）

门刚发出“嘎”的一声，尖利震耳的报警声突然响起，“噔噔噔”的皮鞋声迅速接近。

住手！

一声威严的断喝！（咔嚓一声戴手铐声）

一名落网的惯犯，（杂沓的脚步声渐远）

一阵远去的脚步，

一场落空的美梦！

防盗、保险，请用猎犬牌防盗报警器！猎犬牌防盗报警器，保您的文件、财产防盗、安全！

这则广告在开头用“脚步声”设下了一个“悬念”，紧紧抓住了听众的注意力，同时伴随着音乐和音响效果，使人们不由自主并饶有兴味地听下去。当听众听完故事后，悬念也释解了，原来是猎犬牌防盗报警器广告。生动的故事描述和末尾的郑重提示，将广告产品的品牌和效用明确地传播给听众，自然而然地给人们留下了极深印象。

二、创造难忘的声音

要达到与众不同广告效果，广播广告的难忘的声音至关重要，这包括播音员的配音、广告歌曲、音乐或者特殊效果的音响，这是吸引听众注意力的有效因素。

【例 6.3】“一滴亮”鞋油广告：

噔噔噔……（整齐有力的皮鞋声由远及近，由近及远，混入）

大雅之堂，皮鞋要亮！“一滴亮”，保您的皮鞋光又亮！“一滴亮”！

噔噔噔……（皮鞋声由近及远，渐隐）。

这则广告充分运用音响效果模拟皮鞋的特殊声音，使人产生一种身临其境、如睹其物的感觉，同时不失时机地传播品牌。加之文案形式新颖，语言少而精炼，自然要比那些机械、呆板地夸夸其谈地宣传商品的文案生动形象。

三、避免歧义

广播广告是以声音为媒介与听众进行交流的，广告信息完全依靠声音来沟通传播渠道。一则广告文案，如果有些词句太偏，使人听不懂，不但影响听众对全篇内容的理解，而且会降低收听的兴趣。因而广播广告创意设计必须以“一听就懂”作为起点和原则，认真选择每一个词汇、每一个句子，做到字字听得清，句句听得懂。汉语的文字中存在许多同音但不同字和意的现象，写在纸上一目了然，但说出来可能就会产生误解和歧义，甚至根本听不明白。

【例 6.4】佳佳洗衣粉广播广告：“佳佳”进家家，家家爱“佳佳”。

这则广告作为视觉广告看起来很明白，但作为听觉广告就会使读者如坠雾里云中。因此，在制作广告文案时应注意同音异义字的使用，避免造成误会，尽可能地用大众化的词和字，少用生僻的文言字句等，广播广告能使听众一听就懂，就会大大提高广告效果。

第三节　广播广告文案的创意表达

广播广告文案即广告脚本。电台播出的广告，应事先根据广告内容，写出广告脚本，配以音乐或音响，通过排演、试播，最后把正式录制的广告按计划时间播出。作为听觉媒介，广播广告文案自有其独特的类型。

一、感受者推荐式

广播中由角色独白抒发使用产品后的个人感受。通常可由广告商向听众介绍，也可由商品使用者或播音员亲自推荐，以第一人称宣讲，增加广告的真实性，从而拉近与听众的心理距离。

1. **角色独白式**

【例 6.5】我国台湾“小豆苗”儿童饮食店广告：

（快嘴、活泼的小姑娘）本姑娘现在不在家，去“小豆苗”了！（活泼的音乐）

在“小豆苗”里，最忙的是眼睛，最累的是嘴巴，最快活的是我！

（歌声）“小——豆——苗”。

这则广告以活泼、快嘴的小姑娘生动风趣的独白，介绍了“小豆苗”儿童饮食店丰富多样的食品和优质的服务，广告充满了童趣，惹人喜爱。

2. **播音员陈述式**

播音员直接推荐，这是电台广告最基本的表现形式。这种形式一般比较单一化，易落入俗套。因此，采用这种形式，需要播音员创造一种难忘的声音，使单调的形式用富有魅力的声音给人留下难忘的印象。

【例 6.6】获第五届优秀广播广告节目一等奖的上海人民广播电台的广告《提醒刷牙》：

（鸟叫，溪水声渐起，轻音乐混入……）

（女声亲切地）早上好啊听众们，起床以后您刷牙了吗？用的什么牙膏呀？我告诉您，中华牙膏有果香的浪漫，用了以后会有清新的感受，您试试看。

（秋虫齐鸣，舒缓的音乐混入……）

（女声轻柔地）亲爱的听众，晚上好，临睡前可别忘了刷牙哟，装了假牙的朋友，睡前取下您的假牙浸泡在美加净假牙清洁液中，明天早晨，您又有一付焕然一新的假牙了。晚安。

这则广告运用了简短而直接的手法，富有艺术性地传播了广告产品，向听众传递了一个主题思想：保护牙齿的健康。广告巧妙地穿插了产品，镶嵌得自然而得体。另外，广告文案突出了旁白的重要性，它始终以轻柔优美的女声依据不同的时间顺序展开宣传：早晨亲切而活泼，富有朝气；夜间轻柔而徐缓、宛如催眠，把人带入梦的境界。这使听众在轻松的气氛中，愉悦地接受广告信息。

二、表演交谈式

表演交谈式是以一个相对完整的故事或生活片段来编织情节，由两个或两个以上的人物，相互间对话交谈，融对话和表演于一体的艺术表演形式。

【例 6.7】延边人民广播电台的广告小品《对幸福的理解》：

旁白：对幸福，每个人都有自己的理解，敦化制药厂厂长又是怎样理解的呢？

女；（敲门声）厂长，您的信。

厂长：哪儿来的？

女：广东省廉江国营红湖农场，（乐曲声起……）

（一个苍老的女中音，如叙家常娓娓道来）：厂长同志，我叫浩敏，战争年代得了克山病，后来又得了类风湿症，多方治疗没有效果，疾病折磨得我，甚至想过死。

那一天，我从广播中听到延边人参再造丸。到药店，一眼就看到了来自故乡的药。封盒上参天的青松，金光闪闪的人参，清波荡漾的图们江，啊！多么熟悉的一切呀。

我连续服了五十丸，病就好了。厂长同志，我是流着泪给您写信的，请您接受一个老战士的敬礼吧。

女：厂长，您怎么……

旁白：男儿有泪不轻弹啊，延边人参再造丸获得国家银牌时，厂长流过泪吗？没有。可现在，他流泪了，这泪，就是敦化制药厂厂长对幸福的理解吧！

表演交谈式广告是以对话为主要表现形式，辅之以音乐、音响。因此，广播广告的语言设计是第一位的，全靠声音制造一种直观感。对话的设计要使人产生联想，人物设置不宜过多，还要注意必要的重复，以加深印记，达到宣传效果。

【例 6.8】香港获奖广播广告《白花油新年促销宣传广播稿》：

男（甲）：（叹息）唉！

男（乙）：唔？

男（甲）：（叹息）唉——！

男（乙）：怎么啦……

男（甲）：我心情不太好呀！农历新年快到了，照理我应该开心的。可是，我总觉得不舒服，好像有什么不对。

男（乙）：呀，所以你就心情不好了……

男（甲）：对！

男（乙）：算你走运，我刚买了一小瓶白花油……

男（甲）：白……白什么？

男（乙）：白花油！

男（甲）：白花油？

男（乙）：对了！

男（甲）：就在这么一个小瓶里啊？怎么用的，喝的？

男（乙）：不，在你的前额上涂上少许吧！怎样，现在觉得怎样了？

男（甲）：奇怪，我觉得……觉得精神好多了！

男（乙）：那现在你可以告诉我还有什么问题了罢！

男（甲）：问题？没问题了！

男（乙）：真的？你觉得怎样？

男（甲）：我觉得好多了！

男（乙）：那么，你再涂抹少许白花油在两颊上。对了！你现在觉得如何？

男（甲）：很奇妙呀！好像浸在白花油当中洗澡一样，奇妙极了。

男（乙）：白花油虽好，但是不能过量使用的。

男（甲）：多好，真的要谢谢白花油了，现在我可以高高兴兴地说："恭喜发财"了！

男（乙）：我想我现在知道你究竟有什么问题了。

男（甲）：你知道？那是什么呀？

男（乙）：你对事物的反应过剧呀！

广播员：白花油，在药行及超级市场均有代售。

这个白花油的广告，以人物对话的形式点出了广告商品的名称和功用，而且自然而然地融入，不断重复提醒听众，令白花油在听众的记忆里逐渐留下深刻的印象。

三、韵文说唱式

韵文说唱式是采用散文、诗歌的艺术形式或将广告词编成鼓词、歌词、相声词，以文艺表演的形式，产生节拍分明、顺口流畅、有声有色、引人喜爱的艺术效果，由此传播商品或劳务信息。

【例 6.9】第五届优秀广播广告节目获一等奖的《本溪水洞游记》：

（出本溪水洞赞歌——压混）

滴水叮咚奏仙乐，云雾缭绕舞彩带，

若在人间寻仙境，请到本溪水洞来。

裴晓云优美动听的歌声，把我们带进了人间仙境——我省著名的游览胜地本溪水洞。

我们在银河码头登上游船。

（歌曲隐没，出实况汽船声、导游员解说："我们九曲银河洞的自然情况，分为五宫、三峡、九曲、二门等七十多景……现在游船进入银河宫……现在游船进入芙蓉峡……"）

将近五十分钟，我们饱览了九曲银河的七十多个景点。这里微风拂面，四季如春，泛舟其中，真有梦幻仙境之感。

游船返回码头，我才如梦初醒。啊！真是"钟乳奇峰景万千，轻舟碧水诗画间，此景只应仙界有，人间独此一洞天"。

韵文的广告笔法灵活、文辞优美，给人丰富的联想。散文擅长于抒情，用在广告中往往能以情动人。由于散文强调美感，因而散文型的广告文案应力求语言的清新优美，追求诗的意境，创造出一种诗情画意的氛围，从而使人在美的形式中愉悦地接受广告信息。

用相声做广告，因其语言幽默有趣，同样倍受听众的偏爱。

【例 6.10】《爱“嘉陵”》广播广告以相声形式，运用幽默的语言传播商品的信息，效果颇佳。

乙：老马，您在等谁呀？

甲：我们的那个“嘉陵”。

乙：“嘉陵”是您爱人呀？

甲：我太喜欢嘉陵了，它有许多特点，容貌长得盖世无双、绝代佳人，风度潇洒帅气，平地走路像仙女腾云驾雾，爬坡就如嫦娥奔月，唱歌优美动听。与“嘉陵”结为“伴侣”太幸福了。追求嘉陵的小伙子太多了，连姑娘们也追求嘉陵哪！

乙：什么？姑娘们也向您“爱人”求爱！

甲：什么呀！您瞧，它来了。

乙：啊，原来是“嘉陵”牌的摩托车呀。

这篇广播广告文案运用相声“抖包袱”的表现手法，把广告所要推销的商品“嘉陵”摩托车的性能，即“美、轻、帅”的特点，生动有趣地表现出来。

运用说唱式这种中国传统的文化艺术形式做广告，很符合中国老百姓的欣赏心理，使广告深受大众的喜爱和欢迎，广告效果明显，可谓久用不衰。

四、现场直播式

现场广告除了用于电视广告外，也用于广播广告创作。通常在广播节目中，可以选择与听众密切相关的栏目中或片头、片尾做现场广告，实效性强，而且广告效果极佳。

运用体育实况转播的形式，由解说员在介绍球赛中，适时地穿插进广告的企业产品信息，这是现场广告经常采用的手法之一。

【例 6.11】辽宁人民广播电台播放的“沈阳红药”广告：

各位听众！辽宁人民广播电台听众朋友们！现在我们在沈阳市人民体育场，向您转播辽莹队同东宝队足球比赛的实况。现在比赛已进行到了关键时刻，好球！辽莹队 18 号断球，带球突破，过了一个队员，好球，又过了一个队员，第三名上来阻截，东宝 9 号队员倒地铲球。不好，18 号摔倒了，看样子摔得不轻啊，不要着急，我们有部优产品沈阳红药。

这种形式活泼新颖并对听众颇具吸引力，能让人紧随着播音员精彩而激烈的解说，不经意中顺其自然地接受广告信息，给人的感觉十分真实，而且引导听众自己去发挥想象力，联想到竞争激烈的运动场面。

【例6.12】有一家广播电台在一篇名为“婴儿诞生的捷报”的广告词中说：今天上午，十点三十分，居住在台北市中山区新生路二段54号的一对夫妇——田国因、王美娟生下了一个白胖的小宝贝。森永公司特送“森永皇冠”奶粉一罐，表示贺意。您想养育聪明伶俐的婴儿吗？请大家不要忘记“森永皇冠”奶粉。

这则典型的现场广播广告，以同一内容，在同一类型的节目时间里，为不同的目标消费群体，向某一范围的听众播报婴儿诞生的喜讯，使广告及其产品与收听者更为接近，缩短了双方感情上的距离，对塑造企业形象和推广产品都大有益处。

第四节　广播广告的语言特色

广播广告由声音构成，广播广告的声音包括语言、音乐和音响，并由此形成了广播广告不同于其他媒体广告的独特的语言色彩。

一、语言的传真力

语言是广播广告的灵魂。在广播广告中，语言具有关键性作用，以其独特的艺术魅力吸引着消费者。对广播广告语言的要求有以下四方面：

1. 口语化——尽量避免用书面语言

口语化是广播广告语言最基本的要求。广播广告时间短促，以15秒和30秒的长度居多。对转瞬即逝的广告内容，在听众毫无心理准备的情况下，是难以记忆的。因此，口语化能使广告通俗易懂，易于上口。此外，采用不同阶层、不同人士的语气，更让广告生动活泼，亲切感人。

口语化应多用短句，不用长句；多用动词，少用形容词；避免用同音字，以免发生误会。为此应将书面语改为口头语，如“途经”改为“路过”、“逐步”改为“一步一步地”等。广告稿若有同音字如“福气”与“服气”、“著名”与“注明”等，必须在上下文之间消除误解。

广告文案有些书面上美好的字，不一定在口头也是美好的。许多广告文句，印在报纸杂志上时，显得生动有味；但是，读出来就可能会产生语误。因此，要尽量使广告文案念来顺口，听来悦耳。

2. 立体化——避免用呆板的语言

一篇广播广告佳作，不是用抽象的理论和平板的文字进行宣传，而是借用各种各样的描写手法，从色、味、声、形、用等诸多方面对商品或劳务予以具体描绘。通过艺术的概括、加工和提炼，以达到静态变动态、无声变有声和视听互化的艺术效果，把宣传对象立体地而非平面地、栩栩如生地而非呆板地呈现在广大消费者面前，供人欣赏，令人神往。

【例 6.13】美国总统布什向英国民众介绍美国的广告：

在美国这块土地上，你可以看到迥然不同的景色：交叠起伏的绿色田野，平坦的白沙海滩；迪斯尼乐园，以黑人乐曲谱写的明快而狂热的爵士乐；你还可以一睹大湖区和大峡谷的风光。——现在你比以往有更多的理由来美国参观游览，没有比现在这时候更好的了。——总统发出邀请，你还等待什么呢?

这则广告集动态、色彩、情感和趣味于一体，把本是一个用语言来描述的静态广告予以立体化，产生出层次感。广告中色、形、声三者兼备，把美国国土上那一幅幅旖旎风光一一展现在广告听众面前；广告言词写得有声有色、多姿多彩，诗情画意的语言描述，营造出一片丰富的想象空间。从这则广告中，足以领略广告语言的魅力。

3. 有意重复——强化内容

广播广告中有意重复某些词句，可以突出商品的特点、品牌、名称，加深听众的记忆。前面的“白花油”广告就是通过适当的重复，反复突出“白花油”的商品品名、商品的主要特征和效用，这种强调有助于加深听众的记忆。但是，重复不可无度，多了反会令人厌倦，效果适得其反。一般来说，30 秒的广告，重复不应超过 3 次。

4. 节奏速度适宜

撰写广播文案时，为使内容生动，不但要注意标点符号，而且要考虑念稿子的速度。中文一般应以平均每秒钟读 3 个字的速度来写，每分钟平均 180 个字，最多不超过 216 个字；英文每分钟平均 120 个字，最多不超过 150 个词，最少不低于 100 词。每秒字数过少，报道时易显得拖沓沉闷，字数过多，则速度太快，听不清楚。写稿时，还要考虑报道时的节奏，声调的抑扬顿挫，有高有低，速度有快有慢，避免平淡呆板。

二、音乐的感染力

音乐是一种悦耳动听的特殊语言。广播广告中的音乐，限于时间，它不是乐章，甚至不是一支完整的乐曲，而是一个或几个乐句。

音乐在广播广告中的功用主要有：

1. 塑造产品品牌

广播广告惯常用广告歌、某一段音乐作先导或配乐塑造品牌、传播产品，使听者闻其声，便知是什么企业或什么商品的广告，加深广告的印象。如太阳神保健品广告配以一段歌曲："当太阳升起的时候，我们的爱天长地久"。一听这熟悉的乐句，便知是该企业所作的广告。再如娃哈哈系列食品广告、丽珠得乐广告等，都有其品牌的独特乐曲。

2. 创设环境氛围

音乐能增强广告的气氛，可以把流行歌曲用不同的顺序排列组合，由不同的人歌唱，改变歌词，来做广告。例如，《孔府家酒》就利用电视剧《北京人在纽约》的片头歌曲，改变歌词"千万里我一定要回到我的家"而使广告增添了不同的韵味，也大大引起人们的注意力。此外，不同的信息，配上不同风格情调的音乐，能突出广告主题，增强广告感染力。例如，美容化妆品等的广告，配上浪漫抒情的曲调，能增添产品美的魅力；大型工业产品的广告，配上雄壮的管弦乐，听来使人振奋，使人联想到工业的壮观景象。

音乐乐句作为广播广告中的一个要素，在配乐时需要注意以下几点：

（1）主题风格上的统一。广播广告音乐常用的有古典音乐、轻音乐、民乐、进行曲等多种。古典音乐表达感情含蓄、细腻、悠扬；轻音乐节奏热烈，令人轻松愉快；民乐富有地方和民族色彩；进行曲雄壮有力。应依据广告主题需要，配上不同的音乐。在注意其主题风格的同时，还要注意音乐要简单，使用简单的歌词；复杂的调子和深奥的歌词是很少有人记得住的。

（2）旋律节奏上的和谐。音乐节奏和力度要和语言节奏协调：广告报道速度快时，配节奏急速的旋律；放慢速度时，配缓慢的旋律。音乐类型还需与广告主题协调，如药物广告，病人未服药前作痛苦状时，配忧伤的音乐；服药后，病情好转并痊愈了，则配以舒缓和欢快的音乐。

（3）语言和音响的互补。配乐音量要适中，保证语言播放的清晰度，不要让音乐压倒广告内容，因为歌词或语言才是给人们听的信息。在介绍商品的形状、特点时，音乐的音量要小些；渲染环境和烘托气氛时，音量可适当放大。在播放各种音响时，一般不配乐，以便音响效果能逼真地再现出来。

广告音乐不仅能丰富广告内容，形成意境和烘托广告气氛，更重要的是能协助塑造广告主题，增加广告的吸引力。这就要求广告音乐在选择音乐风格或乐曲形成时，一定要从宣传产品内容出发，对配乐音乐持有十分慎重的态度。

三、音响的传神力

音响又称效果声，随着科技的发展，目前可通过计算机模拟制作各种效果声，如汽车声、鸟类的叫声等，也可用各种器械设备制造出自然界和人们现实生活中的各种声音。广播广告配上音响，这种独有的语言能描绘客观世界，逼真地制造高于客观存在的环境、氛围情景，使听众听其声如见其物。广播广告的音响大致有环境音响、产品音响和人物音响三种形式。

作为广告音响，在其单独出现时应尽可能丰满地表现出具体商品的内在与外在形象，要充分调动音响表现形式，超越客观形态的局限，在听众心中形成更为传神的感染力。

前面列举过的在日本多年连续获奖的SANTORY酒的广播广告，就是在相同的销售意念下不断延伸，文案历经多年，每则广告都有些改变，但音响形象一直未变——非常逼真的酒倒入酒杯时几种不同的“叮咚”声，这种音响形成了SANTORY独特的听觉形象。这一表现手段准确地抓住了饮酒时一杯饮尽，又向杯中注酒时的那种无法用语言表达的舒畅、兴奋的感觉。从拔开瓶塞，到注酒入杯，形成较好的气氛，对受众的影响力是心理感受上的，并能够诱发想喝一杯的欲望。

广播是音响的世界，在很大程度上，音响有鲜明的提示和含蓄的暗示作用。

【例6.14】香港海洋公园在百鸟居开幕的广播广告：

（音响效果）百鸟齐飞之声，混杂不同鸟类之叫声。

旁白：“海洋公园百鸟居，每日都有超过2000只飞鸟，振翅翱翔。”

海洋公园是一个设备多元化的游乐场地，除有机动游戏、水上乐园等娱乐设施外，更增设了“百鸟居”，其概念是以自然丛林的设计，令游客在观赏鸟类自然生态、静听百鸟齐鸣之际，也可享受自然的境界。这则广播广告巧妙地运用了特殊的音响效果，用百鸟清脆的鸣叫声，令听众即时产生联想，感受到置身于大自然的境界，然后再用一句简单而有力的旁白向听众介绍百鸟居。这则广告虽然非常简短，而且旁白极少，但特殊的音响效果已将百鸟居值得一游的信息，明确地告诉听众。

广告音响能改变听觉因没有图像使表现力受限制的这一弊端。如果说广播广告出现了表现力不足，只能解释为没有很好地运用这一长处，没有准确地找到能激发听众形成视觉形象并触及潜在心理感觉的表现重点和独特语言。

练习题:

1. 分别收听广播广告和观摩电视广告，并对其各自的语言特点进行比较分析。

2. 选择同一企业或产品，分别进行广播广告和电视广告创意、撰写广告文案并尝试制作。

第七章 旅游广告

旅游者的旅游决策主要依赖于对旅游目的地或旅游产品的感知。旅游是旅游者在异地的活动，旅游者对旅游目的地的感知是间接的，即通过间接的信息对旅游地产生初步认识，然后根据自己的需要作出旅游决策。旅游广告是传达旅游信息的主要渠道，随着人们对旅游广告重要性认识的深入，旅游广告策划在旅游经营中显得越来越重要。因此，有必要对旅游广告策划的内涵、特征、技巧、广告创意、策略选择等问题进行研究和探讨。

第一节 旅游广告策划

一、旅游广告的内涵和特点

广告是向现有的目标市场传递信息的一种活动。通过信息的传递，在供给者和消费者之间建立联系，目的是为了激发需求，促进购买。广告有销售广告和公共关系广告两种。前者侧重于介绍企业的产品，即通过向公众展示其产品的优点来引起购买，这种广告商业性质很明显；后者则侧重于介绍和宣传整个组织，即通过介绍组织的方针、宗旨和实力等来扩大影响，提高组织在公众中的声誉，树立良好的形象，所以这种广告又称形象广告，虽然其商业性质较弱，但最终目的仍是吸引公众购买本组织的产品和服务。

旅游广告既有销售广告的属性，又有形象广告的特点。这是因为旅游活动是一种经济活动，旅游企业期望在经营中获得一定的收益，加上旅游企业中大部分是市场指向型的企业，更需要用扩大销售量的方法获得更多的利润。由于旅游产品具有不可移动性，无法以实物的形式传达产品的信息，只有通过广告和宣传传达旅游目的地的旅游产品信息。偏向于销售的旅游广告是指利用一定的媒介，把各种旅游产品或服务的信息传递给潜在的旅游消费者，以达到促销的目的。旅游广告也可以介绍或赞誉旅游区及其旅游经营组织，这是偏向于公关或形象性的广告。由于旅游形象是旅游者决策的依据之一，故形象广告也是非常重要的，形象广告做得好，就能更好地吸引具有旅游消费潜力的顾客。

旅游广告由旅游目的地国家和地区、旅游组织或旅游企业出面，以非人员的任何形式，用付费的方式选择和制作有关旅游产品方面的信息，并由媒介发布出去，以扩大影响和提高知名度。例如“非常新加坡”这则旅游广告（图 7.1）就是树立旅游目的地国家、地区和旅游组织、旅游企业的形象广告。

图 7.1　“非常新加坡”

作为传递信息的工具，旅游广告与一般的旅游文字宣传和新闻报道不同。除了传达新的线路、新的旅游时机或新的旅游供给之外，旅游广告还具有以下一些特点：

（1）引起旅游者注意旅游产品或服务。因为旅游产品的重复率最终会下降，人们具有不断寻求新的地方去旅游的心理，旅游广告可提供信息，供人们选择适合自己的旅游产品和服务。

（2）旅游广告的影响具有很强的渗透性。旅游广告可以多次重复同一信息，而且可以同时通过不同媒体对文字、声音、色彩、影像等多方面艺术和技术手段的运用，使得旅游广告极具表现力和吸引力。它能深深地影响旅游者的情感和态度，激发旅游者的消费欲望和需求，诱导旅游者购买本企业的旅游产品，因而渗透性很强。

（3）旅游广告必须明确广告的发出者，目的是使旅游者记住旅游产品的提供者。例如，盛产杨梅的浙江余姚开发了杨梅节旅游项目，旅游者可亲手摘之食之，颇受上海市民的喜爱。报纸广告中一再强调，上海大众国旅作为此次余姚杨梅节的指定旅行社，负责启动余姚杨梅节两日游的接待任务。这样的旅游广告，不仅使游客了解了该项目的内容，而且还知道怎样去参加该项活动。

（4）旅游广告影响效果的长期性。旅游广告是单向地把信息传递给潜在消费者，使得旅游企业有时难以判断潜在旅游者是否已经注意到旅游广告的内容，是否对旅游者产生了影响。即使对旅游者产生了影响，也是潜移默化的，往往在一个较长的时期才能体现，因此旅游企业的广告宣传活动要有超前意识。

旅游广告的作用表现在以下几个方面：第一，旅游广告是沟通的媒介。通过旅游广告传达信息，巩固和提高旅游者对企业和产品的了解程度。人们知道某旅游地的信息越多，就越有可能作出到该旅游目的地旅游的决策。第二，旅游广告是树立企业形象的必要手段。通过旅游广告，可以建立、保持、改善、维护和改变旅游企业及其产品的形象。旅游者不但要了解旅游产品，而且对其供给者产生了良好的印象，才有可能作出购买决策。写得好的旅游广告词、设计得好的旅游广告图像会使旅游产品更具魅力。因此必须对广告精心策划，力图以较小的成本获得较大的效果。第三，刺激消费，促进销售。旅游广告虽然不直接销售旅游产品，但却能增加旅游经营者与旅游消费者的接触机会。策划得好的旅游广告能激发潜在的旅游消费者采取行动，从而达到引导需求、刺激消费的效果。

旅游广告是公开付费的促销方式。旅游广告的形式多种多样，常见的有报纸、杂志、广播和电视广告，此外，街头广告牌、建筑物、汽车两侧等都可以做旅游广告。例如，有些城市的广场、街道、车站和码头，耸立该地区知名的山水画面，展现了令人神往的旅游风景，起到了户外广告的作用。

旅游广告的类型也多种多样。有的只传达一种理念，一般称为旅游形象广告，注重宣传企业而非产品；有的是商业性的广告，直接针对中间商和旅游者，以达到出售旅游产品和服务的目的。由于旅游业的综合性，旅游广告还常常采取合作的方式，即旅游业中存在互补关系的企业联合做广告。例如，交通运输部门、风景区饭店、旅游公司和其他旅游供给部门联合起来在报纸或其他媒体上做广告，共同承担广告费用，共同分享广告得益。

二、旅游广告策划的概念和特征

1. 旅游广告策划的概念

旅游广告策划是指广告策划人通过周密的旅游市场调查和系统的分析，利用已经掌握的知识、情况和手段，合理而有效地开展旅游广告活动的过程。旅游广告策划是广告工作中的先导和核心，在整个广告活动中处于指导地位。策划使旅游广告活动的各个环节都有了系统性的规划，从而提高了广告活动的效率，增强了广告的竞争性，增进了广告的整体效益。

旅游广告是旅游者获得旅游目的地及旅游产品信息的主要渠道之一，旅游业利用旅游广告进行促销日益受到重视，因而帮助旅游业做好旅游广告，是旅游广告策划的一项重要任务。从销售的角度来看，广告是促销的一种手段，广告策划就是对广告促销的战略、策略和活动进行谋划与设计。因此，旅游广告策划是旅游营销策划活动的一个有机组成部分，在旅游营销策划中居于服从和服务的地位。旅游广告策划服从于旅游营销策划的总目标，必须处理好与其他营销因素的关系。旅游广告策划的服务性表现为旅游广告策划要生动地、形象地、精确地、适时地体现旅游营销策划的总体构思、战略意图和具体安排，服从于旅游组织整体形象理念，为树立和维持统一的形象服务。

旅游广告策划是旅游广告活动成败的关键。做旅游广告是一笔投入，花钱做了广告，就必须考虑广告是否成功。旅游广告是否达到了预想的目的，就要看其是否宣传了旅游目的地的形象，是否打开了市场，是否增加了旅游者的人数和来源，或是否改变了受众对本旅游目的地的看法并激发其去旅游的动机，等等。要达到这样的目的，旅游广告策划起着至关重要的作用。

2. 旅游广告策划的类型

旅游广告分为不同的类型，旅游广告策划也相应有不同的类型，主要有以下几种：

（1）促销广告策划。促销广告的目的是直接促销，促销广告策划就要紧紧围绕这个目标进行，追求最大的促销效果。例如2005年11月25日至12月1日连续八天的广东国际旅游文化节，采用告知型广告，在报纸、电视和互联网上进行介绍，并派送相关活动的广告宣传海报等，在短时间内使游客知道并大概了解该旅游文化节的基本情况。

（2）形象广告策划。形象广告的目的是为了树立旅游地区、产品或旅游企业的形象，增强消费者对其产品的信任度。形象广告策划应让受众在较长时间里逐渐接受旅游产品或企业的形象。例如，一则巨大的宣传香港、香港旅游的多媒体广告曾出现在纽约时代广场的大屏幕上，让密集的人群逐渐受到影响，在其心目中树立起香港旅游城市形象。

（3）观念广告策划。观念广告的目的是传达一种观念或理念。观念广告策划与形象广告策划相似。如绿色旅游的广告策划，可以采取提醒型广告，让消费者了解绿色旅游中的环保行为和绿色消费等。

（4）解决问题广告策划。旅游组织做这类广告一般是遇到了问题和困难。解决问题广告有明确的目的性，就是在一段时间内直接解决此紧迫问题。例如某地区出现传染性病例，广告策划方可以举办记者招待会，按照真实情况推出说服型广告，增强旅游消费者的信心。

3. **旅游广告策划的特征**

旅游广告策划质量的高低，主要看策划是否具有以下几个方面的特征：

（1）有利于实现旅游广告的目标。在经济核算的前提下，广告媒介的选择、主题与创意、发布的方式、时间与地点等，都必须围绕广告目标进行。

（2）有针对性地解决问题。旅游广告策划所采取的广告手段必须针对特定的广告对象，解决旅游消费者购买旅游产品时希望了解的信息，激发旅游者的旅游动机。缺乏针对性是旅游广告诉求中普遍存在的问题，在旅游广告策划中应予以高度的重视。

（3）实现单一性与整体性的统一。旅游广告活动由各种要素构成，旅游广告手段多种多样，旅游广告策划要充分考虑各要素和手段之间的相互关系和相互作用，以确保旅游广告目标的实现。

4. **国外旅游广告摘选**

如同好的产品常要好的广告一样，对于现代旅游业来说，广告效果如何，直接关系到旅游的预期收益及旅游市场的份额。综观国内的旅游广告，大多存在创意不新、千篇一律、形式雷同等现象。国内外也有许多成功的旅游广告案例，可供我国旅游广告策划者参考。

·逆反式广告

菲律宾旅游业的广告渲染说，到该国观光有令人开心的“十大危险”：小心购物太多，因为这里的货物便宜；小心吃得过饱，因为这里的食物物美价廉；小心被晒得一身古铜色，因为这里阳光充足；小心潜入海底太久，记住勤些出水换气，因为这里的海底世界特别瑰丽；小心胶卷不够用，因为名胜古迹太多；小心上山下山，因为这里的山光云影常使人顾不了脚下；小心爱上友善好客的菲律宾人；小心坠入爱河，因为菲律宾的姑娘实在热情美丽；小心被亚洲最好的餐馆宠坏；小心对菲律宾着了迷而舍不得离去。这样的旅游广告可谓出奇制胜。

·将错就错式广告

意大利比萨斜塔正是聪明的意大利人在“斜”上做足了文章，才将错就错地使比萨这个原来默默无闻的小镇成为旅游胜地。该斜塔原设计为 8 层，塔高 56 米，当建至第 3 层时，发现地基下沉，虽然已经采取补救措施，最后还是在倾斜的状态下竣工。斜而不倒就是奇迹，意大利人还借助伟大的科学家伽利略曾于 1590 年在塔顶上做过自由落体试验的史实，再给斜塔罩上了一层闪光的金纱，迅速提高了该斜塔的知名度。试推想，当年如果不是因为勘察上的失误，恐怕无人知晓这个斜塔了，因为在意大利这样的古建筑比比皆是。而斜塔的驰名也是“坏事变好事”的例证。

·侧重式广告

世界各国、各地区由于民族语言、社会文化背景的不同，游客的旅游需求也不同，这就要求旅游广告要有侧重性。我国香港地区的旅游业针对不同的游客，广告宣传的策略也不一样：对日本游客，宣称只需付出能力之内的花费，便可拥有一流的享受和旅游乐趣；对北美和欧洲游客，则强调香港的东方神秘色彩，以及中国传统的生活方式；对亚洲游客，就突出香港国际大都会的优越环境，饮食、休闲购物和观光多姿多彩，是个非常适合举家同游的好去处。众所周知，香港不过是“弹丸之地”，可以说旅游资源相当贫乏，但海外游客却接踵而至，旅游业收入已成为其三大创汇行业之一，恰如其分的广告宣传功不可没。

此外，世界各国还有许多出色的旅游广告。如澳洲观光协会把当地景色概括为一句话：“澳洲给人的感觉就是神奇美妙”。短短一语，使人不由得心驰神往。荷兰一家旅行社采用直截了当而富有幽默感的广告，对开辟靠近北极地区旅游的广告语是：“请飞往北极度蜜月吧！当地夜晚长达24 小时。”据说有许多迷新好奇的情侣由于经不起“夜长24 小时”的诱惑而欣然前往。韩国总统金大中为促进韩国旅游业，放下总统架子，亲自参加拍摄宣传风景名胜的广告片，反映良好。巧妙运用新闻效应也是现代旅游广告制胜的一招。

旅游广告学问多多，如何使旅游广告起到事半功倍的效果，需要业内人士多动脑子，多想法子，多出点子，多用奇招；否则，再美的风景也只能是“只缘身在此山中”。

三、旅游广告策划的文化内涵

旅游业的迅速发展带来了思想变革，也带来了文化冲击。传统文化与外来文化面临着取舍与糅合的问题。中国的历史文化、名胜古迹，仍以其厚重的历史感和神秘的宗教色彩吸引着游客；西方的异域风情同样令人神往。人们愿意接受历史文化的熏陶，也想拓宽自己的视野，丰富自己的见闻。旅游广告的作用和影响是复杂的、广泛的，它既作用于广告的发起者，也作用于广告接收者——消费者；既影响市场和经济，也影响思想与文化。旅游广告活动在市场中发挥和担负着传播与沟通的功能、刺激与满足的功能、劝服与指导的功能、审美与愉悦的功能、协调与控制功能。

旅游广告是依靠优美和愉悦来吸引受众的，文化性和艺术性是旅游广告的支撑点，但最基本的应是旅游广告的文化底蕴。从某种意义上讲，没有文化内涵的广告就不能称其为真正的旅游广告。文化，英文是“culture”，来源于拉丁文“cultura”，原意包含耕作、培养、教育、发展、尊重，其主要意思是指经过人类耕作、培养、教育、学习而发展的各种事物或方式，是与大自然本来存在的事物相对而言的。1871

年，英国文化人类学家爱德华·泰勒在《原始文化》中，第一次给予文化的科学的定义："文化是一个复杂的总体，包括知识、信仰、艺术、道德、法律、风俗，以及人类在社会里所获得的一切能力和习惯。"

从广义文化角度看，文化由三个层次组成：最外层是物质文化，包括一切生产资料和生活资料，可称为"器物文化"。器物文化是划分人类发展阶段的主要依据，是反映不同民族、不同时期发展程度的标志。中间层次是方式文化或制度文化，包括生产方式、生活方式、行为方式、政治制度、法律制度等。制度文化是文化现象最基本的内容，是在适应物质文化发展水平的基础上形成的。最里层是精神文化，它又可分为由制度文化形成的社会心理和反映社会心理的思想体系。前者包括风俗习惯、价值观念、道德情操、审美意识、宗教情绪、感性认识、民族性格，是精神文化的较低层次，感性、直观性较多而理性较少；后者包括政治、法律、伦理道德、科学理论、艺术、文学、美学、教育哲学、宗教等，是系统化、理性化、理论化的社会意识形态，是精神文化的高级层次。制度文化与精神文化并在一起又可称为"软文化"。随着社会经济的发展，人们对越来越多的文化现象产生兴趣，如旅游文化、饮食文化、服饰文化和建筑文化等。我们了解文化的内涵，对理解广告中的文化表现极其重要。

作为一般的广告，它的文化性的体现是在表现形式上呈现出与文化艺术结合起来的趋势。毋庸置疑，广告的目的是为了宣传和推销。推销可分为三个层面，即推销产品、推销服务、推销观念。作为旅游产品，它不同于一般的物品。因为当人们生活水平达到一定高度后才会产生旅游需求。因此，旅游本身就是较高层次的消费，包括精神享受。旅游广告中的推销产品，主要介绍景区或景观的位置特点及内容；旅游广告中的推销服务则比推销产品更进一层，它不仅要使游客参加旅游，还要考虑游客在旅游过程中的满意程度和心理感受；旅游广告中的推销观念是推销中的最高层面，它采用劝服游客接受一种观念的办法来达到销售的目的，比如绿色旅游、探险旅游、海底旅游等。人们在追求旅游消费时，同时也在追求文化消费。随着推销层次的提高，旅游广告中的商业性逐渐减弱，广告的文化性则逐渐加强。下面我们从传统文化和现代文化两个方面来考察旅游广告中的文化表现。

1. 旅游广告中对传统文化的表现

中华民族几千年的悠久历史产生了博大精深的传统文化，并形成了民族特有的精神气质、审美旨趣，影响至今。在长期的历史发展中，体现和反映这种精神意识的器物、生活、行为方式以及作品也流传下来。它们都可以在广告创作中表现出来。我们在旅游广告中表现传统文化可以按文化的三个层次来进行。

（1）器物的文化表现。器物主要是指古代建筑、文物等。古代建筑有宫、殿、亭、廊、坛、塔、桥、城、陵、楼、院落、园林等，文物主要指考古发现的不同时代的出土文物，它们是凝固的历史，容易让人把它和永恒、品质、雅趣联系在一起。当你站在长城、金字塔、都江堰上，就会感到历史的伟大。人们通过器物所蕴涵的文化追忆历史时，会不自觉地接受了广告所宣传的旅游地。

（2）历史人物的文化表现。历史人物主要是指在民间广为流传，在各个历史时期有名的人物。历史人物总是与某些历史遗迹、典故联系在一起。如孔子与“登泰山而小天下”，三国各路英豪与赤壁怀古，廉颇、蔺相如与回车巷，秦始皇与兵马俑，王勃与滕王阁，范仲淹与洞庭湖，杜甫与杜甫草堂，王维与西域古阳关，梁山英雄与梁山泊，红军与泸定桥，铁道游击队与微山湖等。由于历史人物从不同角度反映了一个时期的文化，在广告中宣传历史人物、典故总是与历史遗迹联系起来。这不仅是广告策划中的文化体现，也会达到利用历史名人宣传旅游地、提高知名度的作用。

（3）生活方式、民族风情等的文化表现。生活方式、行为方式、民族风情、习惯是社会心理的一种反映形式，属文化中的精神层面。在旅游中消费者不仅要观赏异地风光，而且有一个重要内容是要了解、接触当地的民俗风情、生活方式。我国地域辽阔，民族众多，在历史的长河中，形成了有不同情趣的民族风情和民族文化。黑龙江的万里雪飘、云南的热带雨林、江南的青山秀水、西北的黄土高原，还有汉族、回族、傣族、维族等，这些不同的地方差异和民族风情会吸引众多国内外游客去体察和观光，因此，在旅游广告中需要体现不同地域的生活方式和风俗文化。

（4）文学作品的文化表现。文学作品是中国几千年历史的文化结晶，无数的优秀作家所创作出的不同体裁的文学作品脍炙人口，流传至今。大量文学作品在群众中的高知晓率和广告创作所要求的群众性不谋而合。因此，广告创作可以从中挖掘出经世不衰的文学形象，或采用在群众中广泛流传的优美词句，把旅游广告中的信息借助于这些文学作品传送给消费者。例如，“寒山新年听钟声，小桥流水游周庄”，这是一则苏州江南游的广告。“寒山新年听钟声”，公众一看就会联想到张继《枫桥夜泊》的“姑苏城外寒山寺，夜半钟声到客船”的名句，继而使人仿佛听到寒山寺那悠远的钟声和看到那小桥流水的乡间风光。又如“万顷风云凉碧玉，海天佛国任逍遥”，这种非常文学化的广告把普陀山风景展现在公众面前。但是，广告创作策划要注意对名篇佳作的借用，不能生搬硬套，更不能破坏原文的内容。上述两则例子之所以效果好，是因为人们在接受广告时，并没有感到在被动地接受、诱劝，而是觉得自己在欣赏好的诗句，在一种欣赏的氛围和心情中，自觉或不自觉地因文忆景。反之，有些借用文学作品的广告随意篡改原文，完全破坏了公众的接受环境，由此借文字作品来达到宣传的目的则是很难的。

（5）古典造型艺术的文化表现。广告既是科学又是艺术，我国旅游广告艺术带有鲜明的民族文化特点，讲究意境的传统审美观必然会在广告中有所表现。中国的古典造型艺术源远流长，它在旅游广告文化体现中应占有突出的地位。

造型艺术是用一定的物质材料塑造可视的平面或立体的形象，反映客观世界具体事物和人类情感的一种艺术。造型艺术包括绘画、书法、雕塑、工艺美术以及建筑艺术等，亦称为美术、视觉艺术或空间艺术。我国古代绘画、雕塑与书法艺术有着极为杰出的成就，众多流传下来的被后人认为有典范性的、代表性的作品，展现出中华民族文化及其各种地域文化的发展进程，成为旅游者审美观赏的重要对象。中国古典造型艺术博大精深，内容丰富，在旅游广告创作中需要体现的较多，这里只简单介绍部分内容。

◇古典绘画。中国古典绘画现在被称为“中国画”或简称“国画”，它经历了漫长的发展过程。中国画按描绘对象可分为三大类：一是人物画。人物画是中国绘画中出现最早的画种。其中以道教、佛教为内容的人物画称为道释画，多为寺院和石窟壁画；还有卷轴画、仕女画等。此外风俗画也是人物画中重要的分支，北宋张择端的《清明上河图》是风俗画中最有代表性的作品。二是山水画。山水画是以描写山川自然景色为主题的中国绘画，五代、北宋时期，山水画大兴，并成为中国古典绘画中最大的画种。传统上，山水画又分为水墨山水、青绿山水、浅绛山水、金碧山水，以及用界笔直尺画线，以楼台、屋宇等建筑为题材的界画。其中水墨山水以笔法为主，又充分发挥墨法的功能，在中国绘画史中占有重要地位。三是花鸟画。它是中国古典绘画中仅次于山水画的大画种。花鸟画按表现技法，可分为工笔花鸟与意笔花鸟。

◇书法艺术。中国汉字从创始以来，随着社会的发展和应用的需要，形成篆、隶、楷、行、草五大书体，构成了书法艺术的字体基础。广义的篆书包括了甲骨文、金文、大篆及春秋战国时期通行于六国的文字和小篆，狭义的篆书则是大篆、小篆的统称。

在周代末年，民间就出现了简化的“隶篆”，后为低级官吏整理应用于公文之中，因为办公的小官叫“徒隶”，因而称之为“隶书”。今天所指的隶书是汉代隶书成熟时的宋体，也称之为“八分书”。楷书从隶书、章草演变而来，它创始于东汉末年，盛行于魏晋之朝，到了唐朝臻于成熟。楷书用笔平稳，点画清晰，搭配匀称，结体方正。行书是介于楷书与草书之间的字体。行书把楷书的平易性与草书的流畅优美集于一身，发挥出独特的艺术效果，因而成为五大书体中最广泛使用的书体。王羲之、颜真卿、苏轼、黄庭坚等都是我国历史上的行书大家。草书是为书写便捷而产生的笔画连写的书体。草书完全突破了楷书的格式，比行书更自由活泼，用笔化断为连，一气呵成，变化丰富又气脉贯通，是书写中最有艺术表现力的书体。

书体艺术与旅游及旅游广告有着极为密切的关系。在我国众多的风景名胜旅游区到处都有书法艺术的踪迹：在建筑和园林中的楹联、匾额，名胜中的碑碣、石刻，留下了许多古代书法艺术的作品。这些书法作品极大地丰富了旅游文化的内涵。

◇古代艺术雕塑艺术。中国古代雕塑作品作为古典造型艺术之一，是中国物质文化的一个组成部分。从大的归类划分，中国古代雕塑包括世俗的雕塑造型和宗教的雕塑造型；从具体的功能性可划分为明器雕塑、陵墓表饰雕塑、宗庙造像、石窟造像、建筑装饰雕像、工艺雕塑等。例如，中国古代雕塑从魏晋一直到隋唐时期的鸿篇巨制都为石窟造像，并且现在大多成为重要的旅游胜地。

2. 旅游广告中现代文化的表现

现代社会中，人们需要不断地迎接挑战、调整自我、充实自我和重塑自我，并寻找表现新的自我的方式，而旅游活动正是迎合了人们的这种需求。因为旅游可以使人们心理得到调整、宽慰、舒畅、愉快，它可以传达一定的人文意义。游客通过旅游，可将旅游过程中所具有的人文意义转移到自己身上，借以帮助他们创造、维持或重建社会自我。广告策划人是把旅游产品置于某种人文气氛中，经过宣传，人们就很容易把广告中的宣传作为传达某种人文意义的象征物而接受。而现代广告创造离不开现代文化。旅游广告对现代文化的借鉴和表现包括以下方面：

（1）中华民族特色的文化在广告创作中的表现。我国有民族特色的文化内涵是新时期广告创作的巨大文化源泉。随着经济迅速发展，我国国力不断增强，威望不断提高，人们格外珍惜这来之不易的大好局面。爱国主义和民族自信心、自尊心一直是我国精神文明建设的主要内容，特别是当今社会，中西方文化交流日益频繁、交融，文化碰撞、冲击日渐激烈的今天，每个熟悉历史的中国人都将民族尊严视为神圣的、不可侵犯的。“爱我中华，建我中华”是这一精神的体现。广告策划人如果能通过广告把社会文化意识传递给公众，其宣传的产品自然在人们心目中受到认可和关注。例如，有的地区（如上海、广州等地）把新建的开发区列为旅游线路中的一部分来宣传，让人们在旅游中感受到国家经济建设的发展，使人油然而生民族自豪感。因此，广告中对大众文化心理的准确把握是不容忽视的。

反之，有的广告崇洋媚外，甚至有伤害民族自尊心及不健康等内容或一味用低层次的“噱头”来献媚于消费者，其结果往往适得其反。例如，丰田汽车的“霸道”广告有辱民族尊严，造成了企业的危机。在2003年第12期《汽车之友》杂志上，丰田汽车刊登了其三款新车“陆地巡洋舰”、“霸道”和“特锐”的广告。在“霸道”车的广告页上，两只石狮蹲居路侧，其中一只挺身伸出右爪，向“霸道”车作行礼状，该广告的文案为“霸道，你不得不尊敬”。由于石狮在一定意义上是我国民族传统文化的产物，蕴涵着极其重要的象征意义。丰田公司选择这样的画面为其做广告，有读者认为有辱民族尊严。12月4日，《解放日报》以“日本丰田汽车霸道广告有辱民族尊严”为题报道了该事件，同日几大门户网站及相当多的媒体进行了转载，引起了极大关注。一时间触动了国人敏感的民族情绪，引起轩然大波，群情激昂，声讨不断。

（2）西方文化在广告创作中的表现。源于古希腊、罗马和希伯来文化，形成于文艺复兴之后的近现代西方文化，崇尚民主和科学，提倡个人主义和功利主义，主张不断向外追求的精神。西方文化长盛不衰，是由于它所倡导的精神所致，这主要表现在：重视对自然的探索，在探索自然中培养科学的精神和思维方式；注重现实，实事求是，尊重知识，尊重人才；强调个人的能动性、独立性、责任心和自尊心；等等。广告中对代表人类文明的有益的西方文化的吸收、借鉴是很重要的。事实上，讲究科学、崇尚自然、强调自然、追求自由的观念已经在现实生活中被普遍接受，从而成为现代文化精神的一种标志。由于科学和现代工具的发展与应用，天空旅游、探险旅游、野地旅游等不断地被推出，在广告诉求中，体现出通过这种方式张扬个性和享受旅游大自然的自由空间。广告把向往自由融进自然的观念传达给受众，使他们在不知不觉中接受了新的理念。

当然，在西方文化中有这样、那样的弊端和局限，而我们需要的是吸收其有益的部分，并使之内化为中国现代文化的有机组成部分，这部分文化同样为广告策划提供了丰富的源泉。

第二节　旅游广告的市场调查

要在不断变化的动态的旅游市场中开展广告活动，要使旅游广告的经营活动立于不败之地，要使旅游广告准确而有效地传达给旅游消费者，要使旅游企业在旅游市场竞争中处于积极的优势地位，都需要周密的思考和系统的策划。所有的旅游广告战略和策略的制定，又离不开对旅游产品、旅游市场、旅游消费者以及整个社会环境的把握。而准确的把握只能来自前期的周密的市场调查。所以，对各种情况的调查研究成了制定旅游广告战略和策略的基本前提。

一、旅游市场调查的意义和内容

随着世界经济的发展，以及发展中国家人民生活水平的提高，有能力出游者的绝对数量不断增加，在很大程度上促进了世界旅游业的日益繁荣，也促进了新的旅游目的地数量的不断增加，全球旅游接待能力日益增强。旅游产业发达的国家要继续保持自己的市场地位，众多的新兴旅游目的地国则要打破旧的市场格局，在世界旅游市场分一杯羹。时至今日，无论是在世界上还是在我国国内，旅游业都早已从卖方市场进入买方市场，竞争之激烈与日俱增。在这样的市场环境中，可供旅游者选择的出游方式和出游地空前丰富；加之由于科技的发展，空间距离对于旅游者的出游选择影响趋小，导致旅游者的需求日益分化，不同旅游客源市场群体的旅游需求体现出强烈的差异性。通过市场调查才能有资格为旅游广告主出谋划策，才能在旅游商品营销中稳操胜券。

旅游市场存在与发展是旅游业存在和发展的基础，旅游市场调查就是运用科学的方法和手段，通过各种渠道和形式，了解、搜集、掌握市场的信息和环境情况，然后通过分析、综合，制定经营策略的一种方法。旅游市场调查是制定旅游广告战略必不可少的重要环节。旅游是社会生产力发展到一定阶段的产物。不了解本国和他国旅游资源现状，不了解旅游服务的设施及其改善的可能性，旅游广告就不能以己之长、克人之短，也不能学人之长、补己之短。我国幅员辽阔，旅游资源极其丰富。但由于历史的原因，大量的旅游资源不为人知，潜在的旅游资源还有待发现。即使本国现存的旅游资源，许多旅游经营者也弄不清有 什么特点和对游人的吸引力所在，更不用说对国外的旅游资源的特点、网点及其魅力的了解。这就无法同国内外旅游同行展开竞争。因此，进行市场调查是适应旅游市场国际竞争、国内竞争的需要，也是推动我国旅游市场不断发展的需要。

旅游市场是一种特殊的流通领域。及时了解市场需求和发展趋势，是旅游企业搞好营销的前提条件，也是制定旅游广告战略的基础。旅游者的需求层次不同，旅游行为也不同。旅游者有各种特殊的爱好和兴趣，旅游时对交通、住宿、通信、饮食、购物也有不同的要求和需要。例如，迪斯尼乐园是世界著名的主题公园，在世界主题公园旅游市场中处于领先地位。迪斯尼乐园非常重视客源市场开发，建立了庞大的客源市场调研机构，每年投入巨资开展市场分析，并根据动态分析反馈的信息，及时调整景点的建设项目和进行针对性的市场开发活动。

一般来讲，旅游市场调查大致包括对旅游资源的调查和对旅游消费需求的调查等内容。

对旅游资源的调查，主要是了解可供旅游企业营销利用的资源情况，一方面可以更好地满足旅游者的需求，另一方面又为旅游企业发展提供决策依据。调查的主要内容有：

第一，旅游资源的密度。一般来说，旅游资源的密度越大，其吸引力越强。如北京地区在方圆 100 公里内就有上百个旅游景点，景点相对集中，游人不用花费更多时间与支付更多费用就可连游几个景点。对旅游资源密度的调查，不仅对于一个区域旅游资源的开发具有一定的科学指导依据，同时便于旅行社对不同地区各种旅游资源的类型、数量和规模的了解，有利于进行比较和宣传。

第二，旅游资源容量。旅游资源容量即旅游资源的承载力。旅游资源的容量越大，可以接纳的旅客就越多。掌握某一旅游地的资源容量，不仅能更好地满足游人的游览心理、喜好及营造热情洋溢的旅游气氛，也能加强保护旅游地的生态环境与质量。

第三，旅游资源的类型和特色。任何一个旅游资源都有自身特定的性质和特色以吸引旅客。了解旅游资源类型和特色有利于区别其他旅游地和满足对该类型感兴趣的旅游者的消费需求，有利于旅游企业针对不同旅游类型的旅游者进行宣传。

第四，旅游资源的价值和功能。旅游资源的价值主要包括自然观赏价值、美学价值等。了解旅游资源的价值与功能有利于与国内外同类旅游资源进行比较，找出自身存在的差距，进一步完善、增强自身的吸引力；同时也有利于旅行社开展对外宣传，吸引更多的旅游客。

第五，旅游资源地域组合与交通状况。不同类型旅游景点布局组合与交通状况是反映旅游地资源优势和特色的重要因素。了解旅游资源的地域组合与交通状况有利于发现自身的优势，采取相应的营销策略。

第六，综合配套的服务功能。这是指旅游附属设施或设备、酒店、交通、餐饮、购物等服务配套情况与接待能力。旅游资源综合配套服务功能越强，游人越满意。掌握旅游资源综合配套服务功能有利于旅游企业增强竞争能力，改进和完善营销管理，吸引更多的新老游客。

二、旅游消费者的购买过程

旅游企业要想有效地推广其服务产品，还必须从具体的购买过程来把握顾客的消费行为特点。大体上消费者购买旅游服务的过程可以分为三个阶段，即购前阶段、消费阶段和购后评价阶段。

1. 购前阶段

购前阶段是指消费者购买旅游服务之前的一系列活动。当消费者意识到有某种旅游服务需求时，这一阶段就开始了。这种需求不断增强，促使消费者着手准备购买。这时，消费者开始从各种渠道搜集有关信息。他们首先会回忆以往所了解或者体验到的有关知识，试图从中找到解决办法，同时向亲戚、朋友和邻居征求意见和建议，或者翻阅报纸杂志、向专家咨询等，最后确定出最佳的选择方案。

以一个顾客选择餐馆吃午饭为例。他面临的第一个问题是“在什么场合下吃饭”。无疑，不同的餐馆适合不同的顾客。他单独一人吃与同重要的客户一起吃可能有不同的要求：一个人吃饭，像麦当劳、肯德基一类的西式或中式快餐店就可以了；和重要的客户一起吃饭，则会选择较好一些或者是高档次的餐馆。吃饭的场合确定下来之后，紧跟着的问题是“哪些餐馆可以选择”。从理论上讲，顾客可选择的餐馆有很多，而事实上，他通常根据自己以往的经验和知识，只从有限的几家中进行选择。不过，究竟他会选择哪一家还要考虑一系列因素。这一过程通常是很难描述出来的。

2. 消费阶段

经过购买前的一系列准备，消费者的购买过程即进入实际购买和消费阶段。对于有形产品而言，消费过程通常包括购买、使用和废物处理等不同过程。然而，由于旅游服务具有生产和消费同时进行的特征，消费者购买旅游服务的过程也就是其消费服务的过程。在这一过程中，顾客不是同其消费客体打交道，而是表现为同旅游服务提供人员以及设备相互作用的过程。有形产品的使用是完全独立于卖方影响的，至于消费者何时使用、怎样使用以及在哪里使用都是他们自己的事，同产品的提供者没有任何关系。对于服务来讲，则有着不同的情形。

旅游服务生产与消费同时进行的特征意味着旅游服务提供者在顾客享用服务的过程中将起到重要作用。离开服务提供者，旅游服务的消费过程是无法进行的，因为服务提供者同顾客一道构成了消费过程的两大主体。同时，各种服务设施的作用也不容忽视，这些设施是服务人员向顾客提供旅游服务的工具，它们给顾客的印象还将直接影响到顾客对企业服务质量的判断。

此外，由于服务传递过程的延长，顾客对产品的评价不是只发生在购买之后的阶段。事实上，顾客在同服务人员及有关设备打交道的过程（即消费过程）中，已经开始对旅游企业的服务进行评价。从企业的角度来看，服务消费过程的这一特点为企业直接影响顾客对产品的判断提供了便利。

3. 购后评价阶段

让顾客满意是企业营销的最终目的，而顾客的满意度则来自他们对服务质量的评价。顾客对服务质量的判断取决于体验质量和预期质量的对比，而预期质量受市场沟通、企业形象、顾客口碑及其需求的影响。例如，顾客旅游归来后会根据旅游经历的感受判断旅游服务质量的高低。

从购买过程的层面上看，旅游服务的消费过程有别于有形产品的消费过程，因为后者一般包括购买、使用和处理三个环节，而且这三个环节的发生遵循一定的顺序并有明确的界限。所以，旅游服务的购后评价是一个比较复杂的过程。它在顾客做出购买决策的一刹那就开始了，并延续至整个消费过程。顾客的评价还会受到一些来自社会和环境方面的因素的影响。从某种意义上讲，顾客的评价将取决于企业如何处理顾客与顾客、顾客与员工、顾客与企业内部环境以及员工与内部环境之间的关系。

三、旅游产品的调查

旅游企业制作和发布广告的目的是推销旅游产品，了解和掌握产品在消费者心中的知名度、受欢迎程度是非常必要的。旅游产品调查包括了解消费者对旅游线路上的景区（点）、食、宿、娱乐、交通等的评价和要求，了解旅游产品价格及价格变化对购买旅游产品的影响，了解旅游产品的营销渠道和生命周期。例如，对广东省内旅游线路的调查分析：在众多旅游线路中是否会引起消费者的注意，价格策略是否有效，时间是否合适，等等。旅游产品调查为广告中的产品定位奠定了基础。

1. 服务条件的调查分析

旅游企业服务条件的调查分析主要是分析本企业在服务上的特色和不足之处，包括以下方面内容：服务人员的文化水准，服务人员的穿着打扮，服务人员的精神风貌，服务用语，服务意识，服务熟练程度，服务方式，服务速度，服务收费情况，等等。

2. 综合形象的调查分析

综合形象的调查分析可以从以下几方面着手进行：第一，要考虑客人的投诉率和表扬率。第二，本企业的社会公众形象如何。旅游企业应重视社会形象的塑造，这会影响到企业的美誉度和品牌形象。第三，回头客所占的比例。这部分顾客是企业的忠诚顾客来源，要重视其变化规律，并从中发现问题。

四、市场竞争的调查

旅游市场上的竞争是不可避免的。旅游市场竞争日益激烈，它已从卖方市场转向买方市场。市场竞争直接影响旅游产品营销，作为旅游企业应当随时了解竞争者在市场上的占有份额、地位、性质、价格、促销策略以及竞争对手的优势和劣势。只有这样，才能把不可控制的市场竞争转化为可以控制的市场竞争，才能掌握市场竞争的大趋势，掌握主动权。了解市场竞争环境是制定广告策略不可缺少的条件。古人云："用师之本，在知敌情，否则，军不可举。"一个企业，必须随时衡量自己在市场上的竞争地位，充分了解自己并了解同行，这样做出的决策才算得上是一个科学的决策。因此，要对众多的竞争对手进行调查分析。一般来说，在对竞争者进行调查时，应明确以下几方面的内容：

1. 竞争者的类型

（1）直接竞争，指经营同类或类似产品的行业之间的竞争。如各种餐饮店之间的竞争。

（2）间接竞争，指经营种类不同，但是用途基本相同的产品的企业之间的竞争。如对餐饮企业而言，众多的小吃店、食品供应点就和餐饮店之间形成了间接竞争。

无论是直接竞争还是间接竞争，都存在以下层次的竞争态势：① 产品级别之间的竞争，指企业之间档次高低的竞争，如餐饮品牌店与一般社会小餐馆、小面馆之间的竞争，它明显地体现在价格上的差异；② 企业竞争，指同一级别企业不同品牌之间的竞争，如同为五星级酒店的白天鹅宾馆与中国大酒店之间的竞争，它主要体现为一种品质上的、特色上的竞争。

2. 竞争者状况的调查分析

对竞争者进行调查分析，主要应该了解以下方面的基本情况：

（1）直接竞争的对手的数量；

（2）主要竞争对手是谁；

（3）主要竞争对手的成本优劣势分析；

（4）竞争对手的环境优劣势分析；

（5）竞争对手的旅游产品的优劣势、经营政策和特色服务；

（6）竞争对手的主要顾客群；

（7）其他一般竞争对手的数量；

（8）竞争对手的地域分布；

（9）是否存在间接竞争；

（10）目前市场上还存在什么空白等。

了解竞争对手的情况，对于旅游企业进行科学的广告策划有重大的现实参考意义。如通过调查，发现对手在价格上低于自己的产品，那么在开展广告活动时，重点就应避开价格，而寻求自己的优势所在，如在餐饮产品的味道、特色、服务等方面存在的优势。当然，值得注意的是，了解了竞争对手的情况，并不等于我们在进行广告策划时，直接或间接攻击同行，否则就会违背《中华人民共和国广告法》和行业道德。总之，对竞争对手进行调查，根本的目的是在进行广告策划时，突出“人无我有、人有我多、人多我好、人好我早”的优势。

第三节　旅游广告创意

旅游广告策划非常讲究创意。创意是广告策划的灵魂和根本。创意的英文是 creative，是从拉丁语 create 一词派生出来，本意就是创造。旅游广告创意与其他广告创意一样，不是广告策划人头脑里固有的主观臆想，或是什么人的超越时空的灵感和顿悟。无本之木，无源之水，那不是创意。广告创意之本、之根是事实，是旅游地、旅游产品本身的存在和特色，是通过调研获得的目标市场、消费者信息等数据资料，是广告总体策略的约束和广告主的要求。好的广告创意是有一定方法及其创新的。

旅游广告创意是指对未来旅游广告的主题、内容和表现形式进行的观念构想，是一项综合性的复杂工作。旅游广告创意有狭义和广义之分：狭义的创意是指把旅游广告的主题用艺术化的形式表现出来，用艺术的手法来反映旅游广告主体的特征；广义的创意是指整个旅游广告活动中涉及的所有创造性思维。例如，长白山的知名度远不如黄山、庐山，而且交通不便，人文旅游资源少。吉林省旅游部门和企业以韩国为目标市场，通过旅游广告宣传长白山的“原始”与“神奇”，突出“混沌初开的圣山”的主题。这个广告在韩国一鸣惊人，取得了很好的宣传效果，这个广告创意使长白山旅游景点迅速占有了一定的旅游市场。

一、旅游广告创意方法

创意离不开思维。在现代社会，人们对思维的认识进一步深化，思维的方法不断得到发展。创意的方法实际也是一种思维方式。

1. 广告创意的方法

思维可以锻炼。要注意平时积累有关资料和素材，提高自身阅历，“读万卷书，行万里路”，从而扩大知识面和培养想象力，在掌握了一定方法和技巧后，也能逐渐策划出好的创意。根据国内外广告业内人士的经验，以下介绍几种广告创意的办法：

（1）确定主体，展开想象。无论广告作品创意还是对广告作品的接受，在头脑中都要浮现许许多多过去感知的对象形象，这些形象的恢复是一种表象活动，在创意活动中，重要的是把这些记忆表象加工、改造成新的形象。想象的过程是对过去形成的暂时联想进行新的结合的一种创造过程。一般来说，目标主体可组合信息的范围越广，灵感产生的可能性越大，频率也越高。不论是可组合的信息范围或大或小，从目标信息出发，让目标扫描、捕捉信息，都可以组合成有价值的策划灵感。例如，北京申办奥运会成功后，要在2008年前修建众多现代化设施和体育馆。旅行社届时可推出以“先睹奥运场馆，感受现代都市”为主题的项目。再如，俄罗斯海军第二代航空母舰“基辅号”退役后被我国购进后，某公司很快把它兴建成舰艇博览会的趣味主题公园，并进行广告宣传。

（2）收集素材。任何一幅广告作品的创意都是建立在许多具体素材上的。素材可以来自当前的客观对象（事物），也可以来自头脑中存储的客观对象的形象。对当前对象的直接反映是知觉映像，而对过去感知的对象在头脑中再现出来，则称为表象或记忆表象。广告创意就是要根据这些心理上的素材进行整理、加工，并完美地表现出来。因此，需要了解旅游市场，了解旅游产品，掌握市场发展潮流和动态，分析、研究政治、经济、文化信息。例如，电视剧《刘罗锅》播出后，其收视率窜升，影响很大。北京博物馆根据这个信息及时举办了刘墉生平展览；恭王府原是和坤府邸，也适时打出宣传广告。结果很多游客慕名而来。可见，信息价值的挖掘其实就是将某一信息有意识地与其他多种信息进行组合；所产生的灵感数量越多或其价值越大，说明对它的价值挖掘利用越充分。

（3）进行创造想象。不依据现成的描述而独立创造新形象的过程，称为创造想象。创造新形象有以下三个方法：一是把有关各个成分联合成完整的新形象；二是把不同对象中部分形象黏合成新形象；三是突出对象的某种性质或它与其他对象之间的关系，从而创造新形象。例如在“非常香港”这个旅游广告项目中，旅游策划公司在市场需求方面做了深入的研究和分析后，策划出“香港亲子游”个性化旅游产品，在广告中积极倡导“内地孩子的童年都应该有一段在香港的经历”的观念，让孩子从小就接触国际化的城市、国际化的幼教和国际化的小朋友，旨在从老师、家长和孩子三方面提升儿童教育的整体素质，多方面促进香港地区和内地的交流与合作。

在形成灵感的思维过程中，思维活动是最自由和无常的，无常规而言，它时而从目标出发，时而从有价值的信息出发，最后组合成广告策划灵感，从而进行广告的创造想象。例如，法国的艾菲尔铁塔拆掉后，要重新建造，拆下的铁框架准备送钢铁厂做废铁回收。一位聪明商人以废铁的价格把它们买下后，把铁料全部回炉后重新铸成艾菲尔铁塔模型，作为有意义的纪念品出售，结果大获其利。

（4）受众再造想象。在现实中，人们对于客观存在的但未曾遇到过的那些对象，凭着语言文字的描绘或图示，会在人脑中有关表象的基础上建立起相应的形象。这种依据语言的描述或图示在人脑中形成相应的新形象过程叫做再造想象。进一步消化信息，当出现瞬间灵感时，迅速记下，并使之逐渐清晰，并对有价值的灵感进行加工、整理，使其形成为一种策划方案。例如，夏威夷的旅游广告语是“夏威夷是微笑的群岛”，给人以耳目一新的感觉；比利时在宣传其旅游动机的时候更是别出心裁地推出了“比利时有5个阿姆斯特丹”的广告词，这是借用旅游城市级别的一个撼世的广告创作，因为在权威的《世界旅游指南》中，比利时名列特别值得一游的三星级城市有五个，而荷兰的阿姆斯特丹也是一个三星级旅游城市，所以广告大师们就直接地把荷兰的首都拿来做了一回广告陪衬材料。

2. 广告表现的戒律

广告策划过程应尽量少走弯路。美国广告人奥格威在其《一个人的自白》一书中提出的广告表现“十一戒律”，简单明了，实事求是：

（1）广告的内容比表现内容的方法更重要：信不信由你。真正决定消费者购买或不购买的是你广告的内容而不是形式。

（2）若是你的广告基础不是上乘的创意，它必遭失败。

（3）讲事实。若是你以为一句简单的口号和几个枯燥的形容词就能引诱他们买你的东西，那你就低估了他人的智能。他们常要你给他们提供全部信息。

（4）使人厌烦的广告是不能促使人买东西的。

（5）举止彬彬有礼，但不装模作样。你应该用好的风度来吸引消费者买你的东西。

（6）你的广告宣传要有现代意识。

（7）委员会可以批评广告但却不会写广告：许多电视广告和印刷广告看上去就像委员会的会议记录。单枪匹马创作出来的广告似乎最能发挥推销作用，这个人必须研究产品、做调查，研究以前的广告之后，他必须闭门写广告。

（8）若是你运气好，创作了一列很好的广告，就不妨重复地使用它，直到它的号召力减退。

（9）千万不要写那种连你也不愿你家人看的广告，己所不欲，勿施于人。好的产品可以因诚实的广告而畅销。

（10）形象和品牌。每一则广告都应该被看成对品牌形象这种复杂现象做贡献。现在市场上的广告95%在创作上是缺乏长远打算，是仓促凑合推出的，一年复一年，始终没有为产品树立具体的形象。

（11）不要当文抄公，模仿可能是“最真诚不过的抄袭形式”，但不适于广告创作。

二、旅游广告创意分析

1.“香港缤纷冬日节”旅游广告

活动简介：2005年11月25日至2006年1月2日期间，香港旅游发展局隆重呈献“香港缤纷冬日节”，把普天同庆的欢乐气氛洒遍这个“亚洲国际都会”，让您感受暖暖的爱与关怀！无论您是与爱侣把臂同游，还是与孩子、家人共享天伦，香港都是这个冬日的度假首选！

广告语：温馨欢乐旅程，从香港开始……

广告内容：主画面（图7.2）抓拍了一幅三口之家爱的瞬间。小女孩天真幸福的笑脸，年轻的父母给孩子的甜蜜的吻，洋溢着其乐融融的小家庭气息，与广告宣传语中的“温馨欢乐”相照应。此外，一家人的冬日装扮也切合了“冬日”的旅游时节。

图7.2　“香港缤纷终日节”

主画面之下是浓缩的香港各著名景点，如迪斯尼乐园、海洋公园等。

景点之下是对本次“香港冬日缤纷节”的文字介绍：置身中环的“圣诞欢乐小镇”，穿梭于“圣诞大道”及“冬日情缘大道”……。结合香港的著名景点营造出一派喜气的圣诞景观，突出了本次活动主题——圣诞。

点评：广告画面繁简适当，主题突出，给观众提供了较为完整的信息。画面以暖色调为主，视觉上驱散了冬日的寒冷，也符合香港暖冬的气候条件，一定程度上提升了本次活动的吸引力。整个广告非常人性化，感情色彩比较浓厚，在寒冷的冬日里给人一种温暖的感觉，突出了香港冬季欢快而温情的节日气息，引起家庭游客的心理共鸣，从而刺激其旅游需求。

这是香港旅游发展局网站为推出“香港冬日缤纷节”而设计的静态宣传广告。广告作为弹出式窗口出现，无须点击，可见度高；点击画面可链接到该活动宣传网页，给观众提供更为详尽的信息。该广告虽不惊艳，但也不失为一个成功之作。该广告设计注重目的地整体形象，商业化气息少，广告内容诚实、简明、创新、生动、和谐，并显示出对公众的关怀和敬意，符合公众的心理需求，易于使人们接受。

2. **丹麦旅游广告**

丹麦旅游局发表的旅游广告《哥本哈根真奇妙》（作者是丹麦著名的书刊插图艺术家维戈·万比）可算是一个经典例子。该广告很好地传达了丹麦人幽默、风趣和乐观的人文特点：在画面的正中间是一位鸭妈妈带领着7只小鸭排成一队，整齐地过马路；交通警、有轨电车、成群的路人则乐呵呵地统统退在一边为鸭子们让路。这幅广告频频地出现在旅行社的橱窗里，召唤着想去看一看童话般的哥本哈根的游客。

这幅旅游广告还有一个可贵之处在于：在它推出16年后，作者于1969年将画面上人物的装束全都改为当年的新潮衣着，电车和汽车也都按时代变化作了更新，以适应时代变化。这一队鸭子的童话魅力则历经40年不衰。

点评：许多人对于丹麦的认识和联想是从安徒生开始的。在这个旅游广告发布之前，即1952年，一部由美国演员丹尼·凯主演的电影《哥本哈根真奇妙》正式上演。影片把哥本哈根描绘成一座人间天堂。片中的丹尼·凯载歌载舞，把安徒生演绎得十分滑稽有趣。1953年的丹麦旅游广告利用丹麦的文化资产“安徒生”以及趁热打铁地借助影片造成的声势，大做旅游广告，这可以说是这个广告成功的重要因素。这类手法可称为“借题发挥（或借水行舟）”。孔府家酒“回家篇”电视广告就采用了同样的手法：借用电视剧《北京人在纽约》中的主角王姬与主题歌，顺势做旅游广告获得了公众的共鸣，吸引公众参与体验。

一般来说，确立旅游广告的创意概念，关键是对旅游地历史文化资源的挖掘。这是吸引异国游客的消费“诱因”。这种思路虽然已算不上什么创新，但仍是一种常常奏效的策略，它把创意概念付诸创意表现。

3. 新加坡旅游广告

广告标题1：夕阳西下 新加坡依然魅力十足。

广告正文1：星光下的晚餐如梦如幻/芬芳的美酒香飘河畔/奔放的迪斯科挥舞热情/夜色中的大都市依旧生气盎然/这就是新加坡［图7.4（a）］。

广告标题2：不会潜水也悠游。

广告正文2：不会潜水也能饱览海底世界风光/目睹食人鲨迎面掠食的刺激景象/不会潜水也能漫游于群鱼之间/悠游海底的奥妙世界/这就是新加坡［图7.3（b）］。

点评：画面看似很普通，并无特别之处，描绘了人们假期休闲时不同的场景姿态、神情和动作，但稍微注意的话，便可以发现各幅画都展现了新加坡最吸引人的一面，虽然之间无多大关联，但这都是热衷生活的人们所特属的、乐此不疲的生活态度和人生追求。这样不仅抓住人们的心思，而且也似乎在向人们传递着信息：你的情绪需要释放，你的情感需要满足，你需要去新加坡旅游一番……

新加坡的旅游广告在文字上言简意赅，生动有趣；在风格上新颖别致，独具匠心；在修辞上变化多端，耐人寻味；在社会效果上吸引力强，针对性强，说服力强。这两则旅游广告针对旅游产品的个性、利益特点，创设符合该旅游产品的流行和时尚，对应和创造因为流行价值而可能产生的消费行为，通过有形的视觉效果或者劝服性的宣传途径，以迎合旅游者的消费心理和消费行为为目的，同时展现旅游产品的文化渊源和形象内涵，树立起鲜明的旅游产品和服务形象。

(a)　　　　　　　　(b)

图 7.3　新加坡旅游广告

4. **深圳欢乐谷旅游广告**

2005 年深圳欢乐谷第五届流行音乐节

音乐夜生活　引爆全程欢乐

(2005 年 12 月 24 日—2006 年 1 月 2 日)

音乐 Party，快乐燃烧！深圳欢乐谷再次擎起流行音乐的大旗，周传雄（小刚）、动力火车、胡彦斌、花儿乐队等知名歌手、乐队倾情演出，万众瞩目的音乐盛典即将来临！世界一流的游乐项目，璀璨夺目的烟花汇演，10 个劲爆跨狂欢的音乐之夜，数十位音乐明星的颠峰演绎，100 余场炫彩缤纷的娱乐表演……

图 7.5　深圳欢乐谷音乐节广告

点评：这是深圳欢乐谷打出的一则广告（图 7.5），以圣诞和新年为契机，以流行音乐节为商机，以众多明星来吸引游客，以鲜艳的色调打造炫目的广告。从中我们可以看到众多大牌明星，这是非常吸引年轻人的。尤其是对这些明星的 Fans 极具感召力，对他们来说这是不容错过的机会。欢乐谷的市场定位是追求时尚、新奇、互动、快节奏生活体验的人们。他们不受年龄、性别的限制，都能在这个欢乐的世界里找到属于自己的快乐。当然，欢乐谷的游客结构上，青壮年的朋友居多，但也兼顾了老年和少年朋友。

深圳欢乐谷的广告是很有活力和创新的。欢乐谷借音乐之名，以及众多明星阵势，通过媒体大力宣传，吸引顾客的眼球。这就体现了欢乐谷通过制造“热点新闻”效应，有计划地策划、组织、举办活动，或寻找与企业自身相关的结合点，推出欢乐谷的旅游产品或个性化服务，吸引媒体和社会公众的注意与兴趣。

“动感、时尚、欢乐、梦幻”，欢乐谷紧紧抓住这一品牌定位，投入大量的人力、物力进行品牌形象宣传，彻底淡化了那种认为欢乐谷是“儿童游玩的公园”的概念和品牌形象，通过系统、科学、持续的市场品牌策划工作，狠抓市场品牌建设，创新每年五大节庆主题活动，达到“大节造影响、小节做市场”的效果，与珠江三角洲地区、港澳地区及中央媒体保持着良好的合作关系（与中央电视台合作的《曲苑杂谈》、《开心辞典》、《幸运 52》、《今宵共欢乐与欢乐谷同唱一首歌》等节目，还有与其他媒体合作的《快乐大本营》等），都为传播欢乐谷的品牌形象起到了很大的作用，有效地促进了欢乐谷品牌的建设。

深圳欢乐谷三期旅游广告

深圳欢乐谷三期占地面积 5 万平方米，新增八大项新奇、刺激的互动型游乐设施、巅峰刺激的三大娱乐表演，以及富有特色的主题零售和餐饮街。以 19 世纪末 20 世纪初欧洲繁华的海滨小镇为背景，以欧洲一个老马戏团寻找欢乐、制造欢乐、享受欢乐为故事主线，展现原汁原味的欧洲文明……这就是神秘的欢乐谷三期。

据了解，欢乐谷三期主要包括欢乐时光、欢乐干线、欢乐水世界、欢乐无极四大欢乐系列。其中“欢乐时光”是三期项目最重要的部分，位于原欢乐岛主题区，内容包括：从欧美全新引进的世界顶尖级游乐项目，如家庭骑乘类项目“UFO”、高空摇摆项目“发现者”、高空直落项目“尖峰时刻”、三维旋转的“欢乐风火轮”、悬挂式能量风暴“龙卷风”；全新改造项目，如四维影院将引进好莱坞最新大作《极地狂奔》，另外有老少皆宜的“激光战车”、火山爆发、别具一格的“寻梦河”；三大巅峰娱乐表演，如中国首创夜光“炫彩巡游”、惊险刺激的“高空杂技”、中国首创《地道战》烽火版等。同时，玛雅水公园亦将全新改造后免费对游客开放，继续延续一票制。

欢乐谷三期开放后，仅新增的“发现者”、“UFO”、“尖峰时刻”、“欢乐风火轮”、“龙卷风”等五大欧美顶尖级游乐项目，每小时承载游客量将达 1600 人次，预计整个园区接待量将提升 60% 左右，欢乐谷将成为真正的“玩不完的欢乐谷”。而且，三期项目充分考虑各年龄层次游客的需要，除上述大型室外项目外，还考虑了适合中老年人、儿童和家庭游玩的项目，如“新运河”、“UFO”、“激光战车”、“高空杂技”、欧洲经典游戏项目等，既有观赏的，又有大家共同参与合作的，使欢乐谷真正成为全体大众的欢乐谷。

图 7.6　深圳欢乐谷三期旅游广告

点评： 当人们静静地等待着令人瞩目的香港迪斯尼开业的时候，深圳欢乐谷却再次悄悄敲响“欢乐鼓”，低调行事，高速运转，不动声色地建造欢乐谷三期（图 7.6），并选在迪斯尼开业前，于“五一”黄金周对外开放。作为目前中国娱乐项目最多、科技含量最高，融参与、观赏、娱乐、趣味为一体的大型现代主题乐园，深圳欢乐谷的品牌知名度正日益上升。此次新增投资 1.8 亿元人民币，全力打造的欢乐谷三期，通过强大的广告宣传来吸引世界各方游客前往体验。

面对激烈竞争的市场，华侨城决策层意识到必须对自己的产品进行重新定位，创造有别于迪斯尼的主题产品。于是，此次将旅游产品定位为“永不落幕的嘉年华”。欢乐谷三期的主题构想就是让人们回到从前，再现 19 世纪末 20 世纪初原汁原味的欧洲文明；强调的是让旅游娱乐化，让欢乐谷成为最具深圳气质的都市娱乐中心，并将其品牌形象定位为“动感、时尚、欢乐、梦幻”，从而满足了作为市场主体的青年人的需要。

这则旅游广告突出了欢乐谷三期推出的特色项目，将三期的新项目内容涵盖在一幅图画中，显现出欢乐谷三期项目的新、奇、特，吸引游客的注意力，不但起到告知促销的广告宣传作用，而且还能够刺激游客的欲望，使消费者在参与中感受到从娱乐到文化的层次体验。

第四节　旅游广告的媒体选择

在品牌传播策划和运作中，媒体与战略、创意并列为三大支柱。不过，媒体的运作与战略、创意不同，它是依赖于媒体机构这个独立的第三方的配合与支持。早在 20 世纪 80 年代和 90 年代的全球挑战和国内改革中，中国的报纸、杂志、电台、电视以及其他媒体在总量上有了很大增长，在范围和目标上有了扩展，并在特征和内容上变得十分多样化。而我们这里所要讲的媒体也就是传播广告的载体和工具，如影视、广播、报纸、杂志等。

在国际旅游市场，几乎每一个旅游商都很清楚，旅游商品的营销全靠旅游广告。没有它们，也就意味着将失去越来越多的客户。事实上，媒体也是依靠广告生存的。如果没有广告主做广告，那么所有的广告媒体也就无法生存。据资料显示，美国的报纸总收入的 3/4、杂志收入的 1/2 和广播电视收入的 100% 来自广告，这些大众传播媒介所获得的广告收入占美国广告总收入的 65% 左右。我们国家也是如此。在广告与媒介同样高速发展的今天，随着电视网络的扩张，信息高速公路的建设和卫星通讯的应用，电视台的频道覆盖率越来越大，以至于在地球的任意地方，利用电视收看主要世界频道也不是一件难事。国际互联网也是如此走进我们的生活。国际互联网的发展使整个世界比邻而居。特别是在旅游成为时代新宠的今天，旅游广告运用媒体就更是让人觉得“海内存知己，天涯若比邻”。

一、旅游广告媒体的种类

旅游广告媒体主要可以分为旅游宣传印刷品、广播电视、出版物和户外媒体四大类，这是最基本的也是最常见的。它们各有优势，同时亦具有各自的局限性。

1. 旅游宣传印刷品

利用书籍和印刷品进行广告促销，是旅游界最早也是最常用的办法。旅游宣传印刷品历来就有“老三件”和“新三件”的说法：“老三件”是旅游指南、导游地图、明信片，“新三件”。是指旅游广告片录像带、旅游歌曲录音带和旅游画册。旅游宣传印刷品主要分为以下三类：

（1）信息类，指向旅游者和中间商提供信息的旅行指南、旅游手册、游览图、航班和列车时刻表等。

◇旅游指南。旅游指南的实用性很强，自助旅游者通常也喜欢带着它自己去旅游。除了在内容编制上要有明确的指导性意义以外，旅游指南在版式设计上也要有新意，纸张、开本等也要谨慎选择。

◇明信片。明信片是有使用和收藏功能的广告载体，可以是一套或单张。很多旅游景点都会发行自己的明信片，内容是旅游景区的风光摄影，再辅以介绍性文字，图文并茂，介绍景点、特产、风情、风土人情、旅游路线等，生动活泼，既有实用价值，也很有收藏价值。现在很多旅行者每到一个地方，除了拍照留念以外，通常会邮寄当地的明信片给家人朋友，既有纪念意义，又是向家人朋友报平安的一种方式。这也成为一种时尚，越来越被年轻旅游者接受并加以推广。另外一种明信片偏重于纪念性。如陕西省旅游局曾经通过邮电部门发行纪念邮票及与邮票配合的明信片。

◇旅游地图。旅游地图本身可以作为广告的载体。旅游地图一般是全国、全省、一个城市或景点的地图，由专业测绘部门制作，内容很详细，如主要景点、街道、公交线路、车站等都很详细。大部分的城市旅游地图会选择这种类型。像北京、上海、昆明等城市，通常会有另外一类旅游地图，即旅游示意图，由旅游部门和专业人士精心设计，上面有着大量的旅游风景插画和线路、食宿安排介绍，其实就是一本小的完全自助旅游手册。

（2）促销类，即以促销宣传为目的的旅行社和线路说明及报价，饭店的宣传册，床头柜卡片的折叠夹，旅游目的地、旅行社或政府旅游管理部门制作的旅游景观的画册和手册。

◇画册。例如，精美的西藏画册，考究的纸质，精致的封面，有插图，有摄影照片，色彩运用得也恰到好处，将西藏最美丽的一面给描绘了出来：风光宜人的川藏土地，青藏高原，神秘的布达拉宫，永远湛蓝的天空。面对这些画面和文字的时候，您会不会有一种想去西藏看看的冲动？这就是画册的魅力。画册还可以作为珍藏版本或是珍贵的礼物送给朋友。如果可以借此制造营销事件，那么对广告主来说，则会取得更佳的广告效果。

◇销售点/店面的招贴画。在旅游界许多大型博览会上，旅游招贴画展出机会很多，有的还会对优秀作品给予奖励。招贴画是最直观的广告载体，最直接的视觉冲击，将要体现的特色之处直接从画面上表现出来，而且直接面对目标消费群体。在招贴画的设计方面，西班牙就做得很好，常会有惊喜带给大家，“阳光普照的西班牙”（米罗）就已经成为西班牙的旅游标志。哥伦比亚的旅游招贴画，全黑的背景上是古印第安人的金器，充满神秘的气息，也相当成功。

然而，我国在招贴画设计方面，与国外还有着相当大的差距。一张优秀的招贴画等于一个国家或地区的缩影。众所周知，我们国家有着庞大的民族系统，不同的民族有不同的旅游特色文化，除却新时代的都市旅游，还有着各种各样的民族旅游资源，如云南香格里拉的原始森林，丽江的古老建筑，纳西族的东巴文化，玉龙雪山，大理白族的三月街，苍山洱海，还有像湘西凤凰古城的美丽传说……假如说单纯地把美丽风光表现出来的话反而显得没有新意，突出不了招贴画的直观冲击力，此时构思就不能仅仅限制在民族风格里面。因此，我们需要借鉴一些国外经验，把我们有代表性的风土民情表现出来。

(3) 实用功能类，即印有旅游企业和旅游产品标志的物品，如挂历、明信片、信封、信纸等。

怎样设计制作高质量的旅游宣传印刷品呢？旅游宣传印刷品的制作具体涉及文字设计、图案设计和整体效果设计三个方面：

第一，文字设计。旅游宣传印刷品的文字信息主要包括标题和正文。文字设计应从旅游者最关心或最能吸引旅游者的角度进行创作，以客观形式表达主观内容，以独特性抓住旅游者，以可信服的语言说服旅游者。

标题，要能概括并传达宣传的主题，这是吸引旅游者注意的第一要素。因此，标题必须具有新奇性或有利益方面的诱惑，而且要简洁、上口、便于记忆，并能与画面和文字相结合。从形式上看，标题主要有以下几种：一是劝导式，即在标题中向旅游者提出建议，如“这倒挺不错，让我们去瞧瞧他们是怎样在我们附近建造伦敦城的”；二是陈述式，即以陈述的口气点明主题，如“麦迪逊饭店意味着优雅”；三是对比式，即给人以两个反差悬殊的语句，造成对视觉的较强刺激，以期引起更多的注意，如“欧洲旅行去，去时花费不多，回来收获不少”；四是允诺式，即向旅游者允诺，如“花同样的钱可以买到更多的东西，住在本店可以享受到更多的乐趣”；五是联想式，以能引起旅游者反应的事物为标题，如加勒比海度假地之一的凯曼岛的宣传印刷品，背景是一对情侣依偎海滩上欣赏落日，标题是“当我们第一次看到凯曼岛落日的时候，我们知道这仅仅是开始”。

在旅游宣传印刷品中，大量详细的信息是靠正文来传递的，要使正文能引起人们足够的兴趣并使之深入地看下去，应力求以简短的文字阐明所宣传的旅游产品的特点、能给旅游者带来的利益、购买该产品的途径和方法等，使旅游者能迅速阅读并接受这些信息，进而产生旅游欲望。例如，图 7.7 所示的这则旅游广告，独特的简介使读者随着一连串轻松、活泼跳跃的概念，获得大量信息，产生很多联想，而且语言富有诗意，无疑是成功的旅游宣传印刷品文字。

滚滚浪花一波一动，承载着一船的欢愉，然而，是那书法家流畅的笔墨线条，深深触动着我的心绪。站在甲板上，清冽的空气里，隐隐透着沁人的柠檬香。远处，一排排的棕榈迎风起舞；血红的夕阳霞光遍洒这片近赤道的天空。行驶中的游艇，在海面上拖曳成一道长长的白色水痕，令我想起那位书法家的专注笔触，如斯行云流水，悠游自在。

图 7.7　某旅游广告

第二，图案设计。图案是旅游印刷宣传品中最生动、最形象的部分，其设计要求具有审美价值，能抓住读者的视线，并与文字一起烘托主题，以增强广告效果。图案的设计包括题材选择、画面创作、色彩选择和文字统一等几个方面。

第三，整体效果设计。要求图案之间及图案与文字之间协调统一，或是在对比中突出主题，或是共同烘托主题和气氛。

2. **广播电视**

(1) 电视。电视是旅游广告载体的大户。优秀的电视广告要在短短 30 秒以内将事情说清楚，并且从视觉和语言声响上打动消费者，有时候还必须运用高科技特效，制作成本往往比较高。媒体形象广告也会选择代表性的景点突出地方特色。

电视将活动画面和音响效果结合在一起，形、色、音相互配合因而能产生强烈的效果。电视的覆盖面大，为广大观众喜闻乐见。电视能综合利用各种艺术形式，表现手段灵活多样，可以从各方面表现产品的特色，广告宣传效果好。

电视媒体具有的优势有：第一，易于接近大众旅游市场；第二，可以让旅游区域和旅游企业将它们的产品和商标在潜在旅游者面前展现出来；第三，可以影响大众旅游市场，使他们对某个特定的旅游产品保持长期的忠诚度；第四，通过音乐、色彩、动画的综合运用增强震撼力。

（2）广播。广播具有的优点是传播迅速及时、覆盖面广，而且具有一定的强迫性；其局限性是时效性差，易遗忘，对产品的表现力差。

3. 出版物

出版物在这里主要指报纸和杂志、录像带和光盘。出版物作为旅游广告载体具有以下优势：第一，可以将信息传达给特定的社会经济群体；第二，可以将信息传达给特定的区域；第三，可以传达较复杂的信息；第四，较电视广告便宜；第五，影音制品较容易影响青年人市场。

（1）报纸。报纸和人们的生活密切相关，因而是广告媒体中一种有效的宣传工具。报纸普及面广，价格低廉，宣传及时灵活，覆盖面较大。而且报纸给人的印象较深，容易查阅。另外还可以利用报纸的威信，提高读者对广告宣传的信赖程度。例如地方晚报就具有以下的优势：一是高度的当地市场覆盖率，二是读者量很大，三是容易使广告有被“偶尔发现的机会（opportunity to see）”。

当然，报纸也有一定的局限性：一是时效短；二是报纸内容庞杂，容易分散读者对广告的注意力；三是印刷质量不精美，感染力差，不能很好地体现旅游产品特色。

（2）杂志。杂志分门别类，阅读对象比较稳定。杂志作为广告媒体，广告针对性较强，易于选择广告对象。杂志广告的时效较长，可重复使用，传阅范围较广，便于保存。杂志广告的印刷质量好，可提供精美图画，吸引消费者。但是杂志的灵活性较差，不够及时，宣传范围较小。

（3）录像带。许多旅游企业以录像形式宣传自己的产品，其明显优势是图文并茂，信息量大而且直观，不夸张，一般不会产生顾客期望与服务提供之间的差距。然而录像带由于成本过高，不会像宣传册那样普遍分发。即使旅行社有各旅游景点或饭店的录像带，顾客也不会花那样长的时间去看。顾客所需的只是一个简单介绍，因为他还要亲自去体验、去欣赏。顾客在两分钟内可反复浏览宣传册，但不可能反复观看录像带。

（4）光盘。VCD 机和电脑的普及使人们在家浏览光盘成为可能。一张光盘的容量可达600多兆，整个国家或地区的所有景点的照片、介绍都可以浓缩到这张小小的光盘上。将光盘插入电脑的光盘驱动器中，可以马上看到任何一处风景名胜的资料。

4. **户外媒体**

户外媒体主要包括广告栏、招牌、霓虹灯及路牌等。对于旅游企业来说这类广告较难运用，费用较高，究竟在观众中能起到多大的作用也很难进行科学的分析。但是，这种广告的优点在于灵活、醒目、展示时间长，可反复触及；其缺点在于广告信息接受对象的选择性差，内容局限性大，路人注目时间短。

5. **其他媒体**

（1）电影中心背景画。电影的出现，确实是人类历史上的一大进步。世界上是先有了旅游电影广告然后才有了旅游电视广告。电视能做到的旅游广告电影也可以，甚至在制作技术方面还更为复杂些，费用更高。电影旅游广告不仅可以作为广告宣传，还可以成为受人欢迎的旅游商品。

这两年韩国旅游业不断升温，其中一个主要原因就是韩国电影的背景中心画面不仅向观众们介绍了剧中男女主角演员爱恨情仇的感情戏份、错综纠缠的人物关系，同时还有甜美的风光、无敌海景等，让人不自觉地向往那里，因为除了美丽的风景之外，还有可能会邂逅美丽的爱情。值得介绍的就是韩国的济州岛，是电影《蓝色生死恋》、《恋风恋歌》中男女主角最初最后相会的地方；红极一时的电影《我的野蛮女友》中的许愿树一景，以及《冬日恋歌》中的雪景，在电影播放以后都成为新的旅游景点。

在我国，《刘三姐》奠定了广西桂林旅游城市新形象的基础；《五朵金花》的播映成功，也意味着云南大理作为风花雪月的代表向世界更迈进了一步；再来看张艺谋的《英雄》，华丽的戏服和唯美的背景画面实在太美了，让人眼前一亮，却又久久不能忘怀，让人不禁大为感叹——原来塞外风景如此之美。

由于电影的拍摄、剧本的编写、演员的挑选都比较讲究和复杂，一部较为优秀的电影通常也会花大本钱挑选外景，外景的选择就可以作为旅游广告最好的宣传机会，直接将景色拍摄于电影画面之中，通过采花酿蜜那样剪辑处理之后，较为直观刺激地呈现在观众面前。

（2）国际互联网（Internet）。国际互联网（又称因特网）的使用，使信息传递更加快捷。你足不出户，就能周游世界。网络广告最大的优势就是互动，吸引网民的主动参与。目前已经出现的旅游电子杂志、旅游电子邮件等都是很好的尝试；也可以设立旅游分类广告，为旅游产品提供详尽的互动信息、景点展示、行程和价目表等。另外，要借助网络优势树立旅游企业的形象，“互联网时代，信用是电子商务的灵魂”，要培养网民对自己旅游产品的忠诚度，旅游企业就必须对消费者忠诚，真正使网民接受旅游广告成为一种愉悦的体验。例如，下列网址可使您免费旅游：

http：//www. city. net，可获得世界几千个城市的详细资料；

http：//www. all－hotels. com/，可得到详细旅馆名录；

http：//www. travelchannel. com/，可知世界各地的朋友交流旅游心得；

http：//www. weatherlabs. com/，可知全球两千个都市的天气预报；

http：//www. landings. com/，世界各大航空公司资讯站；

http：//www. tersaquest. com/，世界旅游，北极南极到处走；

http：//www. vtourist. com/，一张虚拟的旅游地图带你遨游全世界；

http：//www. solutions. net，想自助旅游吗？请到这里来。

（3）摄影摄像展。摄影摄像展览主要以自然人文景观景区为宣传对象。它以视觉冲击为主，以画面图片的吸引程度决定宣传的效果。一幅好的摄影作品是可以说话的，是可以冲击人们心灵的。例如《黑镜头》的成功，让世人知道原来在地球另一边，还有这么多不幸的人们。乍一看觉得与旅游好像不太相关，可是从此很多“爱心大使”都会去非洲索马里那边为难民真正做点事。这就是摄影的魅力。

（4）气球。一般情况下，我们见到的大多数是以气球作为宣传载体，置放于所做活动的场地，可是在今天，越来越多的气球广告走进人们视野。例如，在小气球上喷上企业标志和名称，在盛大集会上将成千上万只小气球放飞于天空，制造气氛，引起轰动效应；异形气球从形状上入手，改造成各种各样的图案和花色，色彩缤纷绚丽，一般印有美丽的卡通形象或是图案；还有利用高空气球来携带巨型条幅广告语升空，多在广场等空旷地方见到，也是为了营造气氛。另外，装饰气球也叫做地面玩具式气球，上面绘制出企业标志名称等相关信息，然后将气球做成某种形象（最好是本企业的吉祥物形象），置放于会场门口、公园、街道、建筑物上等地方。

（5）旅游纪念品。旅游纪念品是很好的广告载体。关键不在于纪念品有多贵重，而是有纪念意义，利用得好，广告宣传效果就很好。旅游纪念品要有自己的特色，最好能代表自己国家和地区，起码要代表自己的企业，还要有意义，易于收藏、携带。纪念品也可以做成系列，如系列的玩具钥匙链、资料口袋、礼品盒、不干胶等，既有统一的吉祥物图案，又很精美实用，宣传作用自然就很大。

（6）手提袋。在旅游博览会上，还有一种广告载体作用很大，就是手提袋。旅游企业常常在手提袋上印上自己的标志、口号以及联系地址和方式。此外，一些旅游企业对它们进行艺术化的处理，使其体现出更好的广告效果。它一方面可以用来装营销资料，另一方面可以树立旅游形象。它的特点是数量多、流动性大，能起到流动广告的作用。

（7）温馨贺卡。贺卡、贺年片还有书签都可以作为旅游广告载体。旅游企业所用的贺卡可以以自己的企业标志、企业形象吉祥物作为主要设计图画，加上企业标志、企业名称、电话、地址等。

二、旅游广告媒体的选择策略

旅游广告的主题与创意确定之后，如果要付诸实施，还必须对旅游广告的媒体、旅游广告表现形式、旅游广告发布的时间和地区等进行多方面的研究，以达到理想的广告效果。

1. 旅游广告媒体的选择

旅游广告的媒体很多，除报纸、广播、电视三种最主要的新闻媒体外，还有招贴、路牌、邮寄、交通工具、霓虹灯及先进的网络等。媒体五花八门，新媒体层出不穷，各有所长，各有所短，媒体选择的余地越来越大。在旅游广告策划过程中，应充分了解所有这些手段的特点和宣传效果，针对各种媒体的不同特点，选择合适的媒体，使有限的经费在一定的时间和空间范围内发挥最大的效益。

在制定旅游广告媒体策略过程中，应充分考虑媒体的收费、影响和范围、威信以及发布时机和频率等要素。从广告价格来看，报刊杂志收费最低，其次是广播电台，最贵的是电视。不同的媒体影响层不同，所以应根据广告对象选择。若旅游广告对象主要是中、高社会阶层人士，一般不选择电台和电视（缺乏吸引力），最好选择报纸，因为中、高社会阶层人士喜欢翻阅报纸；若旅游产品的消费对象是大众，那么日报、晚报是理想的传播媒介，因为日报、晚报的读者面很广。

旅游广告并不局限于一种媒体，有时一则广告可以采用几种媒体同时传播。例如，1999 年 7 月 16 日至 9 月中旬，河南高空飞车艺术团在广东阳春市凌霄岩景区进行高空飞车横跨绝壁特技表演，活动主办方向游客分发传单式广告，同样的广告词同时也在阳春市电视台播出。

2. 旅游广告表现形式的选择

不同的媒体有不同的表现形式，如电视广告有说明型、证明型、名人推荐型和故事型等，广播广告有直接型、对话型、访问型等，应依据广告目标与条件，选择最佳的媒体表现形式。我国目前的旅游广告，无论是旅游饭店还是旅游景点，大多采用说明型的广告，这种广告不够生动。而推荐型和故事型的现身说法可以增加信任感，应在今后的旅游广告策划中予以充分应用。

3. **旅游广告时间选择**

旅游活动具有非常明显的季节性，因此旅游广告强调及时性和有效性，选择合适的时间进行广告宣传十分重要；一旦错过时间，则会由于旅游产品的不可存储性而失去广告的意义。尤其是一些特定季节的旅游活动，如哈尔滨的冰灯节和青岛的樱花节，这些旅游节庆活动或专题活动并非终年存在，广告时间安排和选择尤其重要。如果要在淡季推出旅游产品，就更应该注重时间的选择。

4. **旅游广告的发布及其评估**

旅游广告创作完成之后，就要将完成的旅游广告作品送到预定的媒体刊播，并对刊播的质量、日期实施监督。评估广告效果主要看广告费用的投入是否取得了预期效益，明确哪些是无法改变的影响广告效果的外部因素，同时为修订广告计划提供依据。当竞争对手加强广告攻势时，就应该相应地加大广告的密度；当广告已经取得了预期的效果时，就可以适当地减少促销的力度和广告的投入。

练习题：

1. 旅游广告的内涵和特点是什么？
2. 旅游广告的作用有哪些？
3. 什么是旅游广告策划？
4. 旅游市场调查的主要内容有哪些？
5. 结合所学及实例谈谈旅游广告创意的方法。
6. 举出你所见过的旅游广告，评价其类型、目标市场和媒体选择。

参 考 文 献

[1] 刘永，冯斐著. 广告策划与创意. 北京：企业管理出版社，2001

[2] 白光主编. 中外最具有活力的广告短语集成. 北京：中国广播电视出版社，2003

[3] (英) 哈里斯·华兹著. 开拍啦. 徐雄雄，陈谷华，编译. 北京：中国广播电视出版社，2006

[4] (美) 迈克尔·辛格尔特里著. 大众传播研究. 北京：华夏出版社，2001

[5] (美) 保罗·梅萨里著. 视觉说服. 王波，译. 北京：新华出版社，2004

[6] 黄匡宇著. 当代电视摄影制作教程. 上海：复旦大学出版社，2006

[7] (美) 大卫·奥格威著. 一个广告人的自白. 林桦，译. 北京：中国友谊出版公司，1991

[8] (美) 大卫·奥格威著. 奥格威谈广告. 洪良浩，官如玉，译. 台北：台湾哈佛企业管理顾问公司，1984

[9] (美) A 里斯等著. 广告攻心战略——品牌定位. 刘毅志，译. 北京：中国友谊出版公司，1991

[10] 颜伯勤著. 成功广告 80 例. 北京：中国友谊出版公司，1991

[11] 丁俊杰著. 现代广告活动理论与操作. 北京：中国三峡出版社，1996

[12] 国家工商局广告司，人事司编. 现代广告专业基础知识. 北京：经济管理出版社，1994

[13] 刘毅志，黄深勋编著. 广告学. 台北：台湾空中大学，1992

[14] 邝鸿主编. 现代市场学. 北京：中国人民大学出版社，1989

[15] 颜伯勤著. 广告学. 第 2 版. 台北：三民书局股份有限公司，1980

[16] 黄升明，丁俊杰. 现代广告战略. 北京：知识出版社，1994

[17] 高志宏，徐智明. 广告文案写作. 北京：物价出版社，1997

[18] (日) 柏木重秋著. 广告概论. 王建玉，等译. 北京：中国经济出版社，1991

[19] 孙有为. 广告学. 北京：世界知识出版社，1991

[20] (日) 小林太三郎等著. 新型广告. 谭琦，译. 北京：中国电影出版社，1996

[21] 胡正荣，李金功编著. 实用广告策略. 北京：中国大地出版社，1994

[22] 朱成钢主编. 市场营销学. 北京：立信会计出版社，1993

[23] 汪洋，苗杰主编. 现代商业广告学. 北京：中国人民大学出版社，1988
[24] 何修猛编著. 现代广告学. 上海：复旦大学出版社，1996
[25] 黄灵万，谭平，张强著. 推销广告. 成都：四川大学出版社，1995
[26] 吴于敏著. 现代广告营销. 西安：西安电子科技大学出版社，1993
[27] 邱沛篁主编. 实用广告学基础. 成都：四川大学出版社，1993
[28] 中国广告协会学术委员会编. 广告真实性论文集. 北京：中国广播电视出版社，1995
[29] 日经广告研究所著. 广告表现的科学. 李永清，译. 台北：朝阳堂文化事业股份有限公司，1993
[30] (日) 田中洋，丸罔吉人著. 新广告心理. 蔡焜霖，译. 台北：朝阳堂文化事业股份有限公司，1994
[31] (美) D Cowley 主编. 广告企画法. 李桂芬，译. 台北：商周文化有限公司，1992
[32] 戴广忠，房静冰主编. 现代广告学. 北京：中国商业出版社，1995
[33] 吴建著. 广告大理论. 北京：人民出版社，1994
[34] S Rapp，T Collins 著. 行销新十论. 台北：时报文化，1991
[35] 罗文坤，郑英杰. 广告学. 台北：华泰书局，1989
[36] 榎木宏. 商品买卖广告战略. 台北：世茂出版社，1991
[37] (日) 八卷俊雄著. 日本广告战略. 曾淑慧，编译. 台北：故乡出版社，1987
[38] 郜启杨，王克，王正，徐静著. 实用广告技巧. 北京：知识出版社，1993
[39] 陈火金，梁佳聚，武玉英主编. 企业成功策划的学问. 北京：中国经济出版社，1995
[40] 联广公司. 实效的广告——USP. 台北：台湾哈佛企业管理顾问公司，1986
[41] 纪文风. 点只广告咁简单. 香港：香港博益出版集团，1984
[42] (美) L 布鲁姆等著. 社会学. 张杰等译. 成都：四川人民出版社，1991
[43] 燕来. 广告爆棚. 香港：博益出版集团，1992
[44] (美) D 海金司访问. 五位名家谈广告写作艺术. 刘毅志，译. 北京：中国友谊出版公司，1991
[45] (美) 菲力普·科特勒著. 市场营销管理——分析，规划，执行和控制. 广东省财贸管理干部学院市场学翻译组，译. 北京：科学技术文献出版社，1991
[46] 马玉涛主编. 企业形象识别与广告经营. 北京：中国广播电视出版社，1995
[47] 曾国家主编. 形象至上——企业 CIS 战略漫谈. 武汉：湖北人民出版社，1996
[48] (美) 威尔伯·施拉姆，威廉·波特著. 传播学概论. 陈亮，等译. 北京：新华出版社，1984
[49] 杨朝阳著. 广告企划. 台北：朝阳堂文化事业股份有限公司，1994

[50] 北京广播学院广告学教研室编. 广告学——理论与应用. 北京：中国广播电视出版社，1993

[51] 严学军编著. 多彩的广告世界. 北京：中国商业出版社，1994

[52] 周晓虹著. 现代广告战略与战术. 北京：中国青年出版社，1994

[53] (美) 丹·E 舒尔茨等著. 广告运动策略新论. 刘毅志，译. 北京：中国友谊出版公司，1991

[54] 董锡健，潘肖珏主编. 中国企业形象战略. 上海：复旦大学出版社，1995

[55] 袁昌文，黄鹰编著. 经济广告写作. 广州：暨南大学出版社，1996

[56] 刘士军，继红编著. 市场书的魔鬼——现代广告. 北京：中国经济出版社，1994

[57] (日) 富士全录. 如何提案. 庄惠琴，译. 台北：朝阳堂文化事业股份有限公司，1991

[58] 刘志明，倪宁编著. 广告传播学. 北京：中国人民大学出版社，1991

[59] 陈培爱编著. 广告策划与策划书撰写. 厦门：厦门大学出版社，1993

[60] 李杉著. 传播学引论. 北京：新华出版社，1993

[61] 廖为建著. 公共关系学简明教程. 广州：中山大学出版社，1989

[62] 陆盛章主编. 平面广告·电波广告. 北京：物价出版社，1997

[63] 张贤平. 旅游广告的奥秘. 广州：广东经济出版社，2004

[64] 熊元斌. 旅游营销策划理论与实务. 武汉：武汉大学出版社，2005

[65] 蒋三庚. 旅游策划. 北京：首都经济贸易大学出版社，2002

[66] 沈祖祥，张帆. 旅游策划学. 福州：福建人民出版社，2000

[67] 吴广孝. 旅游广告实务. 上海：复旦大学出版社，2000

[68] 张金海. 经典广告案例评析. 武汉：武汉大学出版社，2000

后　　记

这是一个探索、发现、创新的时代，现代广告创意的主体就是创新，因而，从某种意义上说，广告创意是经济时代发展的产物，是时代进步的标志。现代的创意思维，更多的是运用了会商思考法，即调动和发挥群体的智慧，展示集体的力量，去开拓、挖掘和创新。本书在运用具体客观案例资料的基础上，发挥主观的分析演绎潜能。浏览全篇，思维的碰撞闪烁着睿智的灵光，思想在不经意中得到锤炼和升华。本书中还列举有新闻学专业张伟伟、陆雅倩同学设计的电视公益广告作品，数字媒体艺术专业的梁中量、潘宇鹏、肖遥、姚雅琳同学设计的动画广告作品。这些在校大学生的作品充满了现代气息和时代感，让我们无不欣慰地看到了年轻人的成长潜在着生机和力量。

信息的广泛性是在广告资料采集上所具有的独特优势，海量的广告新作不断涌入视野，让人目不暇接。有很多新闻专业的同学，如袁灵烨、谭锐颖投入资料采集和评析中。同时，惠普公司提供了一系列优秀的广告作品。在此，对本书中所借用的一切作品的原始创作者表示崇高的敬意，虽然无法一一列举他们的姓名，但对他们默默的耕耘深表谢意。